Forschungsmaschinen

Experimente zwischen Wissenschaft und Kunst

Fröhliche Wissenschaft 108

Henning Schmidgen

Forschungsmaschinen

Experimente zwischen
Wissenschaft und Kunst

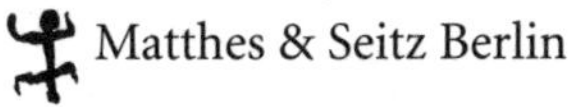

Inhalt

Vorwort

Wer über Wissenschaft *und* Kunst redet, muss auch vom Experiment sprechen. Diese Regel des Diskurses gilt nicht erst seit heute. Sie ist schon seit Längerem in Kraft, spätestens seitdem sich das Handwerk von Malern, Bildhauern und Architekten durch industrielle Massenware und technische Reproduzierbarkeit massiv infrage gestellt sieht.

Schon bei den Künstlern und Schriftstellern des 19. Jahrhunderts stand die Idee des wissenschaftlichen Experimentierens hoch im Kurs. Um 1880 sprach Émile Zola vom »Experimentalroman«, um das Schreiben literarischer Werke als biologische Anordnung und physiologische Beobachtung einzelner Menschen in ihren jeweiligen Umwelten zu fassen. Erst das frühe 20. Jahrhundert begriff das Experiment jedoch als Brückenschlag zwischen Wissenschaft und Kunst.

In den 1920er-Jahren beriefen sich László Moholy-Nagy und Sigfried Giedion genau auf diese Instanz, um den »unbewussten Parallelismus« zwischen wissenschaftlicher und künstlerischer Tätigkeit herauszustellen. Den Maschinenraum des Bauhauses vor Augen, trachteten sie danach, über das Experiment zu einer neuen kulturellen Ganzheit zu gelangen. Das »Schisma« zwischen Denken und Fühlen, das für beide ein Charakteristikum der Moderne darstellte, konnte ihnen zufolge nur im gemeinsamen Labor von Wissenschaft und Kunst überwunden werden.

Der Kerngedanke, den Moholy und Giedion zum Ausdruck brachten, hat heute wieder Konjunktur. Noch vor wenigen Jahren war es nur eine überschaubare Gruppe von Philosophen, Soziologen und Historikern, die sich für die Frage des Experiments interessierte. Überwiegend im Feld der Wissenschafts- und Technikforschung angesiedelt, ging es ihnen darum, durch die detaillierte Auseinandersetzung mit der Forschungspraxis in physikalischen, chemischen und biologischen Laboratorien genauer zu begreifen, wie es zur Entstehung und Verbreitung von wissenschaftlichen Tatsachen kommt.

Im Anschluss daran haben Kunsthistoriker, Literatur- und Theaterwissenschaftler experimentelle Vorrichtungen und Verfahren untersucht, die auch außerhalb der Naturwissenschaften zur Hervorbringung des Neuen führten: von den Schriften August Strindbergs über die Meerestierfilme von Jean Painlevé bis hin zu den Architekturen des Russischen Konstruktivismus. Unabhängig davon vermehrten sich die an Schriftsteller, Künstler und Filmemacher ausgesprochenen Einladungen, in die heutigen Laboratorien der Hirnforschung, in Kernforschungszentren und ähnliche Einrichtungen zu kommen, um die Wirklichkeit des Experimentierens kennenzulernen und öffentlich zu reflektieren.

Wenig später avancierte »Experiment« zum Schlüsselbegriff für das Disziplinen übergreifende Interesse an einer posthumanen Kultur, in der sich Menschen und Maschinen, Körper und Techniken, Organismen und Mechanismen immer wieder miteinander verkoppeln – unabhängig davon, ob diese Verkopplungen dem Bereich der Arbeit oder dem Spiel, dem Verkehr oder der Medizin oder eben der Wissenschaft und der Kunst zuzuordnen sind.

So hat Bruno Latour angesichts von Phänomenen wie AIDS, Rinderwahnsinn und globaler Erwärmung festgestellt, dass »wir alle in eine Reihe kollektiver Experimente einbezogen sind, die über die engen Grenzen der Laboratorien hinausgehen«.[1] Latour zufolge umfassen die Mauern des Laboratoriums mittlerweile den ganzen Planeten, und nahezu überall arbeiten Aufzeichnungsinstrumente und Überwachungssysteme. Neben Kliniken sind so auch Fabriken, Häuser und Wohnungen zu »Zweigstellen des Labors« geworden.

Aber nicht nur die inhaltliche Ausrichtung und die disziplinäre Verankerung der Diskurse über das Experiment haben in den letzten Jahren Veränderungen erfahren. Auch die Formen, in denen sie sich äußern, waren und sind einem Wandel unterworfen. In Wissenschaftsgeschichte und Wissenschaftssoziologie einerseits und in Literatur- und Kulturwissenschaft andererseits standen zunächst eng umgrenzte Fallstudien im Vordergrund, die auf der Basis von geduldigen Alltagsbeobachtungen oder aufwendigen Archivrecherchen den materiellen und semiotischen Einzelheiten der experimentellen Praxis nachspürten.

In einem zweiten Schritt wurden diese *case studies* durch übergreifende Darstellungen ergänzt, die beispielsweise – siehe Latour – die Soziologie einer Welt entwarfen, die insgesamt zum Laboratorium geworden ist, oder die versuchten, die gesamte Geschichte der Moderne am Leitfaden einzelner bahnschlagender Experimente zu rekonstruieren.

Gegenwärtig werden diese Diskurse in vielfachen Verzweigungen weiter- und fortgeführt, die zum einen bis in die akademischen Programme der Künstlerischen Forschung reichen und zum anderen in die Verlautbarungen von Museen, Galerien und Kunstwerkstätten eingreifen. Über die »Poetik des Experiments« wird nun genauso gesprochen wie über die »Kunstwissenschaft als Experimentalsystem«. »Laboratorien der Kunst und der Wissenschaft« existieren Seite an Seite mit »Salons für ästhetische Experimente«. »Experimentieren und Schreiben« sind in ebenso enge Nachbarschaft getreten wie »Experiment und Kunst«. Dabei sind die entsprechenden Reflexions- und Veröffentlichungsformate längst nicht mehr nur der Schriftform verpflichtet. In *performance lectures*, Filmen und Ausstellungen nimmt der Diskurs über das Experiment seit geraumer Zeit selbst experimentelle Züge an.

Die Beiträge, die in diesem Band versammelt sind, haben diese Entwicklung begleitet. Sie sind nicht aus dem Kerngeschäft der Wissenschaftsgeschichte hervorgegangen, sondern verdanken ihre Entstehung der Eröffnung einer Ausstellung, der Publikation eines Künstlerbuchs oder der Mitwirkung an einer Konferenz von Kunsthistorikern. Folgerichtig ist die Bewegung, die diese Studien, Essays und Interventionen beschreiben, keine geradlinige, und ihr Ausgangspunkt ist durchaus eigenwillig. Er liegt in der Maschinenphilosophie von Félix Guattari, die Wissenschaft und Kunst als weitgehend gleichberechtigte Felder existenziellen Experimentierens betrachtet.

Daran anschließend befassen sich die hier aufgenommenen Studien mit der Geschichte der Laborforschung im 19. Jahrhundert, insbesondere dem Übergangsfeld zwischen Physiologie und Psychologie, um von dort aus in die Auseinandersetzung mit dem Film, der Kunst und der Architektur des 20. Jahrhunderts aufzubrechen. Félix Guattari trifft so auf Hermann von Helmholtz, der seinerseits Marcel Duchamp begegnet, der wiederum zu Guattari zurückführt.

Der weitere Zusammenhang, in den sich diese Arbeiten einordnen, ist eine Kulturgeschichte des Experiments, die sich sowohl im Hinblick auf die historische Materialität wie auch in Bezug auf die historische Semantik auf die vorfindliche Vielfalt von Versuchsaufbauten und Experimentalanordnungen einlässt. Anders als in den großen Erzählungen der Modernisierung begreift diese Kulturgeschichte das Verhältnis von Wissenschaft und Kunst als einen weitgehend offenen Zusammenhang. Sie schreibt nicht im Vorhinein fest, was als »echtes« oder »wirkliches« Experiment zu gelten hat und was nicht. Stattdessen wird eben jener Prozess untersucht, in dessen Verlauf unterschiedliche

Aspekte wissenschaftlicher und künstlerischer Tätigkeit so konvergieren und divergieren, d. h. solche Konfigurationen ausbilden, dass Modernisierungsphänomene wie Mechanisierung und Rationalisierung einerseits sowie Subjektivierung und Ästhetisierung andererseits überhaupt greifen können.

Mit Blick auf diesen Prozess der Experimentalisierung verortet die hier zugrunde gelegte Kulturgeschichte Wissenschaft und Kunst also auf einer Ebene: Sie denkt sie in ihren Differenzen zusammen und perspektiviert sie im Hinblick auf gemeinsame wie auch gesonderte Formationsbedingungen.

Diese Ausrichtung ist auch als Positionierung zu den aktuellen Debatten über das Verhältnis von Wissenschaft und Kunst zu verstehen. In der jüngeren Vergangenheit haben sich einige der Experimentexperten aus der Wissenschafts- und Technikforschung in ihrer praktischen Arbeit zwar auf den Kunstkontext zubewegt, beispielsweise indem sie Filme gedreht oder Ausstellungen organisiert haben. Auf theoretischer Ebene sind sie jedoch zumeist dabei geblieben, Wissenschaft und Kunst voneinander getrennt zu halten. Für eine Wissenschaftshistorikerin mag es noch angehen, biologischen Experimenten eine eigene Ästhetik zuzugestehen. Der Ästhetik selbst experimentellen Charakter zu attestieren, ginge für sie aber deutlich zu weit. Stattdessen bemüht man sich lieber, die grundsätzlich unterschiedenen »Existenzweisen« der Wissenschaft einerseits und der Kunst andererseits zu bestimmen – selbst wenn dies nur mithilfe einer Philosophie gelingt, die ihrerseits von einer bestimmten Ästhetik geprägt ist.

Demgegenüber wird hier eine vergleichsweise einfache Annahme verfolgt. Sie besagt, dass die Herangehensweise der neueren Wissenschafts- und Technikforschung für die Auseinandersetzung mit wissenschaftlichen *und* künstlerischen Experimenten geeignet ist. Denn in beiden Fällen kann die jeweilige *Forschungsmaschine* zum Ausgangspunkt der Untersuchung genommen werden, also jenes heterogene Gefüge aus materiellen und semiotischen Komponenten, die vorübergehend in ein Zusammenwirken gebracht werden, entweder um die Variablen eines Versuchs zu kontrollieren oder aber um Varietäten von Erfahrung zu kultivieren.[2]

Dieses Zusammenwirken ist nicht nur eine Frage der räumlichen Aufteilung und Anordnung von Maschinenbestandteilen, sondern zugleich eine Angelegenheit der zeitlichen Koordinierung unterschiedlicher Prozesse mit unterschiedlicher Geschwindigkeit. Dass Forschungsmaschinen immer auch Zeitmaschinen sind, ist eine der offenkundigsten Verbindungsstellen zwischen wissenschaftlichen und künstlerischen Praktiken.

Wenn der Betrieb dieser Maschinen prekär bleibt (sie funktionieren sozusagen nur, wenn sie kaputtgehen), so auch deshalb, weil sich ihre Entstehung einem echten Zusammentreffen, einer nicht vorwegzunehmenden Begegnung, einem Ereignis verdanken. Vielleicht ist das der Punkt, an dem die hier entworfene *Kultur*geschichte durch eine *Natur*geschichte des Experiments zu ergänzen wäre, freilich ohne dabei an irgendwelche Symmetrien zu denken. Giedions Hinweis, dass Wissenschaft und Kunst »gleichberechtigte Ausflüsse« des *Lebens* sind,[3] kann auch in diesem Sinne verstanden werden.

An diesem Punkt wird erkennbar, was geschehen müsste, um die Rede vom »unbewussten Parallelismus« zwischen wissenschaftlicher und künstlerischer Tätigkeit auf plausible Weise in heutige Diskurse zu übersetzen. In den Vordergrund würde dann treten, dass Experimente Instanzen des Unberechenbaren sind. In der Tat kann das Funktionieren der Forschungsmaschinen nicht vollständig programmiert werden, und ihre Entstehung ist nicht restlos planbar. In einer von Computern geprägten Welt liegt genau darin ihr aktuelles Interesse – und ihr enormes Potenzial.

1. Zwei Guattari-Vektoren

Glo-ba-li-sie-rung: Wie hörte sich das vor 30 oder 40 Jahren an? Möglicherweise so wie die späten Suiten von Duke Ellington: exotisch, ironisch und bemerkenswert entspannt. In der Tonlage ganz so, wie das Ellington-Statement am Anfang von *The Afro-Eurasian Eclipse*: »Mr. McLuhan says that the whole world is going oriental, and that no one will be able to retain his or her identity – not even the orientals. And, of course, we travel around the world a lot, and in the last five or six years we, too, have noticed this thing to be true …«[4]

Lange Zeit war jedenfalls eher von Internationalismus die Rede gewesen. Erst durch die Mondlandung 1969 wurden deutliche Zeichen für den Übergang vom Internationalen zum Globalen gesetzt. Schon nach dem Gagarin-Flug hatte Hannah Arendt die philosophische Tragweite des neuartigen Blicks *from outer space* abgeschätzt: Was sich traditionellerweise als »Welt« gegeben hatte, sollte auf unhintergehbare

Weise zur »Erde« werden. Als dann nach der Rückkehr von Apollo 11 hochwertige Fotografien des blauen Planeten verbreitet wurden, schien das Globale mit Händen greifbar zu werden.

Der paradoxe Effekt des neuen Ausblicks war ein Verlust an Natürlichkeit: Dasein war die längste Zeit als etwas erschienen, das dem Menschen bei Geburt »als freie Gabe« gewährt wurde; durch die bemannte Raumfahrt verwandelte es sich in eine vom Menschen selbst geschaffene Existenz, eine Art künstliches Leben, für dessen Versorgung und Erhalt er nun selbst verantwortlich war. Statt eines erhabenen Naturspektakels zeigte der Blick vom Mond nichts anderes als: das Raumschiff Erde.[5]

Ende der 1970er-Jahre begannt Félix Guattari, auf die Herausforderung der Globalisierung zu reagieren. Im September 1978 veröffentlichte er in der Tageszeitung *Libération* einen Text, der sich durch seine Überschrift als »Plan für den Planeten« zu erkennen gibt. Paradoxerweise bekräftigte Guattari darin seine seit Ende der sechziger Jahre formulierte Absage an eine gesellschaftliche Revolution im großen Maßstab. Nur ein Geflecht aus kleinen, »molekularen« Revolutionsbewegungen, die zum Beispiel von Arbeitslosen, benachteiligten Frauen oder Homosexuellen angestoßen werden, könne die ökonomische und ökologische Dauerkrise der bestehenden Systeme überwinden. Der »Integrierte Weltkapitalismus« sei nämlich nicht dazu in der Lage, Energie, Rohstoffe und Nahrung zum Wohle der Menschheit zu nutzen. Dennoch gebe es eine libidinöse Fixierung auf ihn. Für Guattari steht fest, dass nur die Aneignung neuer Beziehungen zu »Sozius und Kosmos« es ermöglichen wird, diese lähmende Faszination zu durchbrechen.[6]

Wie kommt ein Psychoanalytiker zum planetarischen Programm? Besondere Zurückhaltung gegenüber großen Themen kann man Guattari eigentlich zu keinem Zeitpunkt nachsagen. Schon 1966, in den kollektiv verfassten *Neuf thèses de l'opposition de gauche* (Neun Thesen der linken Opposition), ging es auf rund dreißig Seiten um nichts weniger als um eine Analyse der Politik imperialistischer und sozialistischer Staaten, um die Zustände in der Dritten Welt, um die Geschichte und politische Kultur Frankreichs, um eine Kritik an der internationalen Arbeiterbewegung und schließlich um die Entwicklung einer neuartigen revolutionären Organisation.

Sechs Jahre danach erinnerte der Untertitel von *Anti-Ödipus*, »Kapitalismus und Schizophrenie«, an die Spannweite der Guattari'schen Fragestellungen, die auch in der Zusammenarbeit mit Gilles Deleuze erhalten bleiben sollte.

Trotz der im Buch immer wieder artikulierten Skepsis gegenüber »jeder Art von Totalität«, sei diese nun als ursprünglich oder als zukünftig gedacht, wartete das Autorenteam mit einem geradezu enzyklopädischen Entwurf auf. Neben einer Weltgeschichte der Repräsentationsformen wurde auch eine weit ausgreifende Genealogie von Produktions- und Konsumtionsformen geboten – und zwar aus einer Perspektive *en survol*, d. h. ohne Rückgriff auf die etablierten Unterscheidungen von bewusst und unbewusst, Gesellschaft und Individuum, Natur und Industrie.[7]

Dieses enzyklopädische Element zeigt sich auch in anderen Arbeiten von Guattari (und Deleuze). *Tausend Plateaus*, mit seinen zwischen 10.000 v. Chr. und 1947 datierten Ebenen, ist dafür wahrscheinlich das sprechendste Beispiel (trotz mancher ironischer Brechung). Spätere Texte von Guattari sind als zusätzliche Belege für den theoretischen *drive* aufs große Ganze anzuführen.[8] Anders als Foucault scheint Guattari das, was man »Theorie« nennt, nicht als »lokale und regionale Praxis« im Kampf um die Macht betrachtet zu haben,[9] sondern als eine Art Planungszentrale, einen universalen Kartenraum, in dem der Schizoanalytiker an der Vermessung des potenziell revolutionären Terrains arbeitet.

So aktuell manche von Guattaris planetarischen Visionen auch heute noch sind, an ihnen lässt sich kaum der Stellenwert bemessen, der seinem Denken zukommt. Nach *Tausend Plateaus* offenbaren sich die Stärken Guattaris nicht so sehr in den globalen Perspektivierungen, sondern in seinen Beiträgen zur Kunst und zur Wissenschaft, d. h. zu den beiden Feldern, die nach dem Ausklang der Postmoderne zu wichtigen Verhandlungszonen des Politischen geworden sind.[10] Diesen beiden Vektoren soll im Folgenden nachgegangen werden.

I

Nach 1980 gewinnt die ästhetische Theorie im Schaffen Guattaris zunehmend an Bedeutung. Nicht mehr die Psychoanalyse, sondern die Praktiken der modernen und zeitgenössischen Kunst bieten Guattari die Modelle für seine Theorie der »Produktion von Subjektivität«.[11] Neben der Philosophie und der Literatur ist die Kunst für Guattari *die* Instanz, von der entscheidende Beiträge für eine Politik der Singularisierung zu erwarten sind: Ebenso wie Philosophen und Literaten seien Künstler in der Lage, auf überzeugende Weise mit dem Konsens der »kindischen Gewissheiten« zu brechen, den die heute vorherrschende Subjektivität eingerichtet habe. Die zeitgenössische Kunst ist demnach an der Einrichtung und Verbreitung potenziell widerständiger Aussagegefüge und an der Kultivierung von semiotischen Ausdrucksmaterien beteiligt, die sich der Vorherrschaft der digitalen Semiotisierung entziehen. Der therapeutischen Arbeit der Schizoanalyse vergleichbar, trägt die Kunst zur Einrichtung neuer »Referenzuniversen« und »existententieller Territorien« bei.[12]

Diese Theorie der Subjektivitätsproduktion wird durch die Äußerungen moderner Künstler bestätigt und in gewisser Weise sogar fundiert. Nicolas Bourriaud verweist in diesem Zusammenhang auf Marcel Duchamp und dessen Idee einer »ästhetischen Osmose« zwischen Kunstwerk und Betrachter, die durch die leblose Materie (Pigment, Marmor etc.) eines Kunstwerks hindurch geschieht, und er vergleicht diese Idee mit Guattaris Überlegungen zu den »transversalen Modi« der Subjektivitätsproduktion, z. B. im Theater oder vor dem Fernseher. Auch die Fluxus-Konzeption eines Robert Filliou weist demzufolge aufschlussreiche Berührungspunkte zu Guattaris Theoriebildung auf. Filliou, so erklärt Bourriaud, habe die Kunst als Region betrachtet, die allen abweichenden Praktiken ohne angestammten Platz ein Asylrecht gewährt.

Ähnlich gelagert sei Guattaris Auffassung der Schizoanalyse, die die minoritären Modi der Subjektivierung in eine »Welt der Chimären« aufzunehmen und dort zu bewahren versucht.[13]

Guattaris Schaffen bewegt sich aber nicht nur inhaltlich, sondern auch formal in auffälliger Nähe zur Kunst. Seit der frühen Lacan-Kritik warten seine Veröffentlichungen in der Tat nicht nur mit diskursiven Entwicklungen auf.[14] Häufig sind seine Texte lockere Reihungen von Absätzen, in die Skizzen, Formeln, Diagramme, aber auch Fotografien oder Partituren eingeschaltet werden. Besonders angesichts der ebenso komplexen wie abstrakten Schemata in den *Cartographies schizoanalytiques* ist man versucht, von einer »Kunst der Theorie« zu sprechen (Abb. 1.1).

Doch schon in den Büchern, die Guattari gemeinsam mit Deleuze verfasst hat, werden die Passagen »von einem Zeichen zum anderen« nicht bloß beschrieben, sondern auch performativ vollzogen. So geht die Textbewegung in *Anti-Ödipus* von Lindners Gemälde *Boy with machine* über die Schemata der Deterritorialisierung bis hin zu den Cartoons von Rube Goldberg. Im Buch *Für eine kleine Literatur* vollzieht der Text Übergänge von Fotos und Klängen zu den Plänen der Romankompositionen von Kafka. Und in *Tausend Plateaus* wird

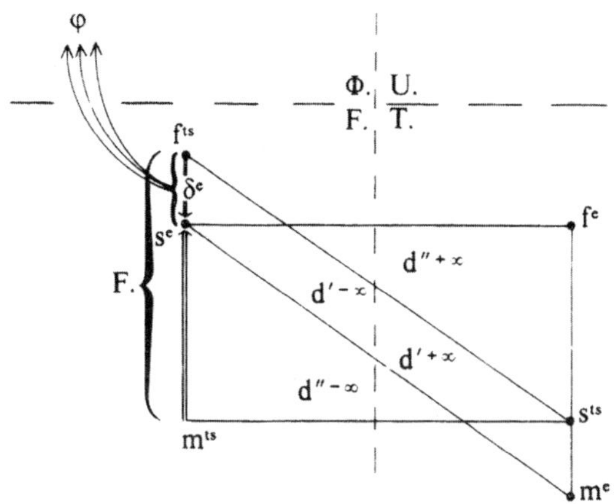

Abbildung 1.1: »Das Abheben des maschinischen Mehrwerts«. Diagramm aus Félix Guattaris *Cartographies schizoanalytiques* (1989).

nicht nur jede Ebene mit einem Bild (Gemälde, Fotografie, Computergrafik etc.) eröffnet, sondern der Text führt auch immer wieder durch die Zeichnungen der Autoren hindurch, die wohl nicht zufällig an Klees Skizzen in den Beiträgen zur Formlehre erinnern.[15]

Guattaris Affinitäten zu den Verfahrensweisen der modernen Kunst werden ferner daran kenntlich, dass das Schreiben für ihn nie eine nur solitäre Tätigkeit war. Seine weitläufige Wohnung in der Rue de Condé, in der ungezählte Versammlungen, Diskussionen und Arbeitssitzungen stattfanden, kann, was die

Aussetzung des auktorialen Prinzips angeht, durchaus mit Warhols »Factory« verglichen werden. Jedenfalls ist es kein Zufall, dass Guattari durch das »Schreiben zu zweit« berühmt geworden ist. Als Gruppensubjekt *par excellence* hat er diese Arbeitsform schon vor seiner Zusammenarbeit mit Deleuze verfolgt und auch in späteren Jahren immer wieder gesucht: mit Éric Alliez, Toni Negri, Jean Oury, Suely Rolnik …

Selbst die Texte, für die Guattari alleine verantwortlich zeichnet, können kaum *einem* Autor zugeordnet werden: Zu oft bewahren sie die Nähe zu den Kollektivsituationen, in denen sie entstanden sind (Vorträge, Seminare) und in die sie zumeist auch wieder zurückführen (Interviews, neue Vorträge). An dieser Text-Fabrik, die sich vorübergehend auch in den Radio-Sender »Radio Tomate« verlängerte (Abb. 1.2), verdeutlicht sich, dass gesprochene wie geschriebene Sprache bei Guattari keineswegs nur Ausdrucks- und Übertragungsmittel für zuvor Überlegtes und Ausgedachtes ist. Wie ein Künstler mit Farbe oder Papier umgeht, so arbeitet er mit Sprache. Sie ist für ihn nie nur Botschaft und/oder Medium, sondern stets und vor allem auch Material, eine dem Kollektiv zur Verfügung stehende Masse, die aufzugreifen und zu formen ist.

Ähnliche Umgangsweisen mit Sprache fin-

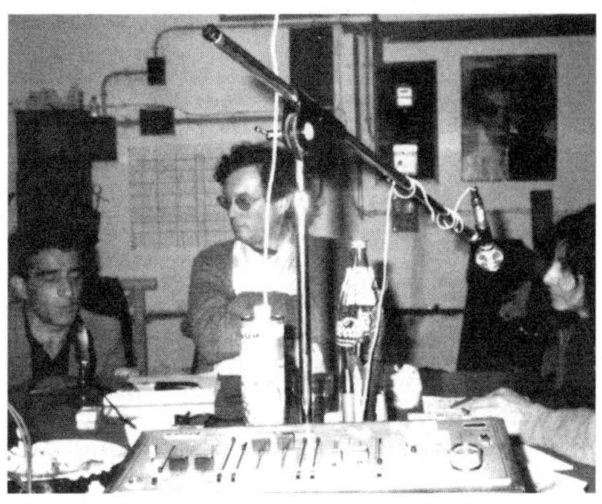

Abbildung 1.2: Guattari (Mitte) im Studio des Radio-Senders »Radio Tomate« (1981).

den sich in der Kunst oftmals dort, wo es zur Kreuzung von üblicherweise getrennt gehaltenen Bereichen oder Verfahren kommt. Man denke an die Gruppe *Art & Language*, die nicht nur Wort und Bild, sondern auch Kunst und Politik miteinander zu verbinden suchte, an Bruce Nauman, der Licht, Schrift und Perspektive hybridisierte und dadurch unerwartete Wahrnehmungsdimensionen eröffnete, oder schließlich an Jean-Luc Godard, der vom Kino aus zu einer Medienkunst vorgedrungen ist, in der sich Buch, Film und Musik zu gleichermaßen ästhetischen wie kritischen Interventionen kombinieren.

Vielleicht ist es aber Joseph Beuys, der von der Seite der Kunst am treffsichersten in jene Sphäre vorgedrungen ist, zu der Guattari von der Seite der Psychoanalyse aus Zugang hatte. So wie Guattari in seinen Texten von Schemata und Diagrammen Gebrauch macht, so setzt Beuys in seinen »permanenten Konferenzen« Tafelzeichnungen ein: nicht nur, um Gesagtes zu illustrieren, sondern auch, um es über den Bereich des Sprachlichen hinauszuführen, um die Oberfläche des Diskurses zu durchlöchern und so für andere Dimensionen zu öffnen.

Die mit Pfeilen und Stichworten versehenen Kreidezeichnungen von Beuys (z. B. in der Installation *Richtkräfte einer neuen Gesellschaft*) stehen im Dienste einer Erfassung und Abbildung von Vorgängen und Verhältnissen im Schnittbereich von Kunst, Politik und Ökonomie, die sich der Sprache zunächst einmal entziehen (Abb. 1.3). Auch hier geht es darum, mithilfe von Diagrammen die Stätten kreativer Produktion aufzuspüren: so zum Beispiel Irland, *The Brain of Europe* – ein seltsamer Attraktor, der im Übrigen auch Guattari faszinierte.[16] In den Vorträgen von Beuys wird der an der Tafel Redende und Handelnde selbst zum Teil einer semiotischen Maschine, zum (An-)Zeiger, der kulturelle Energien aufspürt, registriert, sie sichtbar macht und der weiteren

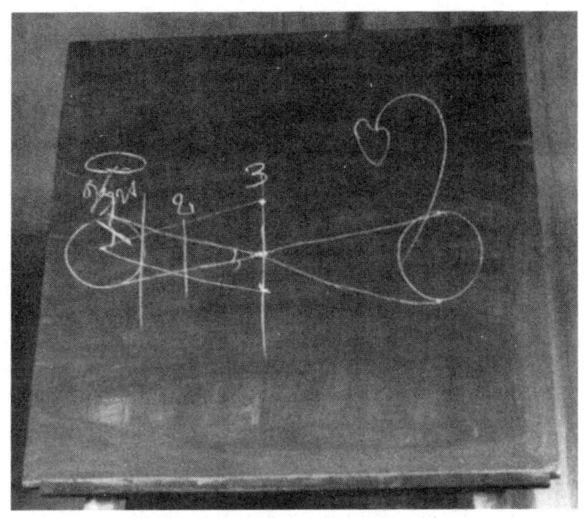

Abbildung 1.3: Tafelbild von Joseph Beuys zur Erläuterung der Dreigliederung des sozialen Organismus. Ausgehend von der links gezeichneten Sphäre des Geistes (1) werden die Bereiche von Recht (2) und Wirtschaft (3) »projiziert«. Rechts ist die experimentelle Sphäre eines selbstverwalteten »planetarischen Zustands« mit herausgehobener »Herzfunktion« dargestellt.

Nutzung anheimstellt: Beuys, ein »unbewusster« schizoanalytischer Kartograf.

Wenn man insofern sagen kann, dass Beuys und Guattari von ähnlichen Orten aus sprechen, dass sie vergleichbare Formen der Theorie-Kunst kultivieren, lässt sich auch feststellen, dass die Konvergenzen bis in den Bereich der Inhalte hineinreichen. Wenige Wochen nach

Veröffentlichung von Guattaris »Plan sur la planète« hat Beuys nämlich ein ähnlich globales Programm in einer Tageszeitung publiziert, den »Aufruf zur Alternative«.[17] Auch darin wird, angesichts der ökonomischen und ökologischen Krise sowie der internationalen Rüstungsproblematik, den bestehenden Systemen eine düstere Prognose gestellt. Wie Guattari sieht Beuys den Kapitalismus nicht dazu in der Lage, die Krisensituation von sich aus zu bewältigen. Selbst eine gesellschaftliche Umwälzung biete keinen Ausweg. Der Künstler setzt stattdessen auf die Veränderung von Bewusstsein und Sinnerfahrung als entscheidendem Faktor auf dem Weg zur »Alternative«.

In seiner konzeptuellen Arbeit setzt Beuys am »Kapital« an und versucht, diesen Begriff entsprechend neu zu definieren. Die entscheidende Formel in diesem Zusammenhang lautet bekanntlich »Kunst = Kapital«. In vergleichbarer Weise ist Guattaris Theorie der Produktion von Subjektivität mit dem Begriff eines *anderen* Kapitals verbunden, welches gegen den Integrierten Weltkapitalismus einzubringen ist. Nicht um einen nostalgischen Kommunismus geht es dabei, sondern um ein »intensivstes Subjektivierungsexperiment«, das es ermöglicht, neue Formen kollektiver Subjektivität zu etablieren, um die Revolution von Informatik,

Telematik und Robotik in einem »post-medialen Zeitalter« auf nicht vereinnahmende Zwecke auszurichten.[18]

Noch weiter reichende Übereinstimmungen zeigen sich an einem anderen, für Guattari neuralgischen Punkt: der Haltung zur Maschine. Eine Beuys-Installation wie *Honigpumpe am Arbeitsplatz* kann als Bestätigung für Guattaris Annahme aufgefasst werden, dass die technischen Maschinen als Träger einer Proto-Subjektivität fungieren (Abb. 1.4). »Die *Maschine ist ins Herz des Wunsches eingedrungen*«, hat Guattari einmal formuliert,[19] und Beuys antwortet sozusagen mit seiner Installation darauf, indem er umgekehrt zeigt, wie weit die Potenziale des Begehrens schon in die Maschine hereinreichen.

Demnach scheint es so, als ob heutzutage nur noch eine Art Maschinenherz das Begehren verarbeiten und verteilen könnte. In diesem Sinne erklärt Beuys jedenfalls, er habe bei dieser *documenta*-Installation Fett eingesetzt, »um zu zeigen, *wie* Mensch sich mit Maschine in Zukunft ja verbinden muß«.[20] Weiter erläutert er, der Mensch sei gefordert, Beziehungen zu einer Technologie aufzubauen, »die tatsächlich erstens einmal innerliche ist, d. h. eine begrifflich kreative, gestalterische [Technologie] im Menschen selbst«.[21]

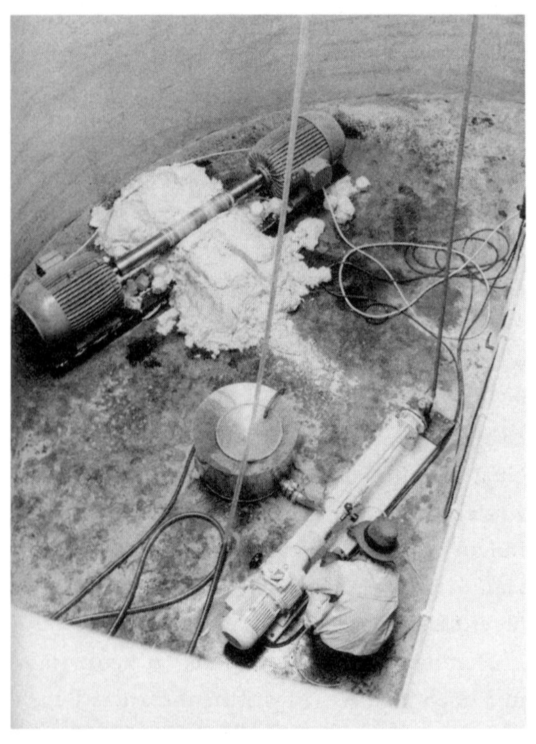

Abbildung 1.4: Beuys mit der *Honigpumpe am Arbeitsplatz.*

Es überrascht daher nicht, dass sich mit der *Honigpumpe am Arbeitsplatz* ein vergleichsweise unromantischer Abschiedsgruß an das mechanische Zeitalter und ein Science-Fiction-artiges Plädoyer für den Eintritt in ein Stadium lebendiger Maschinen verbinden: »Das geht hin auf eine organische Maschine, das geht hin auf moralische Maschinen. Das allerdings liegt in einer wirklich weiten Zukunft. Ich habe gesagt, sie hängt zusammen mit der planetarischen Entwicklung.«[22]

Ist schließlich nicht auch das Guattari'sche Konzept der »drei Ökologien« bei Beuys zu finden? Tatsächlich bildet Guattaris Forderung, die herkömmliche Ökologie, diejenige also, die parteipolitisch auf die Umwelt verpflichtet wurde, müsse durch eine Sozial-Ökologie und eine »Ökologie des Geistes« ergänzt werden,[23] ein unerwartetes Echo auf die Beuys'sche Konzeption einer »Dreigliederung des sozialen Organismus«.[24]

Kann die an Rudolf Steiner und Wilhelm Schmundt anschließende Rede von der notwendigen Trennung zwischen Recht, Wirtschaft und geistigem Leben aber wirklich auf den Guattari'schen Registern Umwelt, Gesellschaft und Geist abgebildet werden? Oder kippen hier die Konvergenzen nicht vielmehr in Divergenzen um, signifikanterweise an ebendem Punkt, wo Beuys vielleicht am explizitesten auf die Anthroposophie Bezug nimmt?

In der Tat muss auffallen, wie insistierend Beuys vom *Menschen* ausgeht und zu ihm zurückkehrt,[25] während Guattari, vor einem gänzlich anders beschaffenen Hintergrund (Lacan,

Marx etc.), eben nicht diese Figur, diese *Gestalt*, ins Auge fasst, sondern entweder unterhalb oder oberhalb von ihr ansetzt: nicht am menschlichen Individuum, sondern an dessen subindividuellen *Elementen* ebenso wie an dessen meta-individuellen *Milieus*. Wo Beuys also die Position des Menschen als Kultur- und Geisteswesen im Sinne einer Einzigartigkeit profiliert, legt Guattari den Akzent auf die eine Natur, von der der Mensch nur ein Teil ist, wenn auch vielleicht ein besonders interessanter. Also Anthropologie oder Monismus.

II

Die zunehmende Annäherung an die Kunst ist aber nur der eine Vektor im Guattari'schen Schaffen der 1980er-Jahre. Was sich nach *Tausend Plateaus* ebenso vervielfältigt, sind seine Bezugnahmen auf die Wissenschaft. Seit etwa 1970 gibt es im Guattari'schen Theoretisieren der Subjektivität den Versuch, die Referenzen auf eine Psychoanalyse, die sich in zunehmendem Maße als eine *science humaine clinique*, d. h. als klinische Geisteswissenschaft, etabliert hat, durch Bezüge auf Biologie und Chemie zu ergänzen, wenn nicht zu ersetzen, um so zu einer »materialistischen Psychiatrie« vorzustoßen.

Nicht Jacques Lacan, sondern Karl Jaspers, der Psychopathologe und Psychoanalyse-Kritiker, ist daher in *Anti-Ödipus* der entscheidende Theoretiker des schizophrenen Prozesses, und selbst Psychiater wie Clérambault und Capgras werden Lacan und anderen psychoanalytischen Autoren vorgezogen. Zudem bietet die von Constantin von Monakow und Raoul Mourgue verfasste *Biologische Einführung in das Studium der Neurologie und Psychopathologie*, die deutlich an der Lebensphilosophie von Henri Bergson ausgerichtet ist, wichtige Anregungen für die in *Anti-Ödipus* entwickelte Theorie der Blöcke und konnektiven Synthesen. Guattari und Deleuze preisen die beiden Hirnforscher dafür, »in die Neurologie den Wunsch eingeführt zu haben«.[26]

Was sie dann selbst, in *Anti-Ödipus* und in späteren Werken, unternehmen, läuft oftmals darauf hinaus, die Neurologie in die Theorie des Begehrens einzuführen. Vor allem Deleuze baut die Bezüge auf eine Mikrobiologie des Gehirns aus, freilich ohne jede Ambition, dadurch zu den Reduktionismen der zeitgenössischen Neurophilosophie aufzuschließen. Wie die *Kino*-Bücher deutlich zeigen, ist das Gehirn für Deleuze ein »Instrument der Möglichkeiten, nicht der Gewissheiten«. Wie schon dem philosophischen Psychologen William James geht es

Deleuze um ein *uncertain brain*, dessen Wirkung auf das Denken nur in Wahrscheinlichkeiten abgeschätzt, aber nie genau oder definitiv festgelegt werden kann.[27]

Bei Guattari nimmt das Interesse an der naturwissenschaftlichen Forschung nach seiner Begegnung mit der Systemtheorie spürbar zu. Waren die Bezüge auf Gregory Bateson, die sich in *Anti-Ödipus* und *Tausend Plateaus* finden (der Begriff des Plateaus wird bekanntlich von Bateson übernommen), schon Vorboten dieser Begegnung, so ist es der Kontakt zur Brüsseler Schule der Systemtheorie – einerseits Mony Elkaïm, andererseits Ilya Prigogine und Isabelle Stengers –, der für Guattari in den 1980er-Jahren entscheidend wird. Erst vor dem Hintergrund der Theorie der gleichgewichtsfernen Systeme und der »entscheidenden Öffnung«, die er in dem Buch *Entre le temps et l'éternité* von Prigogine und Stengers erkennt, kann Guattari die »energetischen Semiotiken« entwickeln, die den letzten Stand seiner schizoanalytischen Meta-Modellierung darstellen.[28]

Innerhalb dieses Horizonts macht der Schizoanalytiker sein Interesse an den naturwissenschaftlichen Einzeldisziplinen folgendermaßen explizit: »Es gibt außerordentliche Untersuchungen im Bereich der Biologie, im Bereich der Hirnforschung, im Bereich der

Pharmakologie und dem der Humanethologie, die ein Sektor ist, der meines Erachtens verspricht, uns über viele Dinge, insbesondere im Bereich der Neurosen und Psychosen, Aufschluss zu geben.«[29]

Tatsächlich ist es die Verhaltensbiologie, die Ethologie, die Guattari, je mehr er sich vom Referenzrahmen »Psychoanalyse – Marxismus – Strukturalismus« entfernt, in wachsendem Maße in seine Theoriebildung einbezieht. So greift er in *L'inconscient machinique* auf Forschungsergebnisse von Verhaltenswissenschaftlern wie Irenäus Eibl-Eibesfeldt, Klaus Immelmann und William Thorpe zurück, wenn er die Komplexität der »bio-ökologischen Rhizome« aufzuzeigen versucht. In *Chaosmose* sind es die Arbeiten des ethologisch orientierten Kinderpsychologen Daniel N. Stern, die es Guattari erlauben, eine Skizze der Ontogenese von »Subjektivierungsgefügen« zu geben. Auch eines der berühmtesten Konzepte von Guattari, das »Ritornell«, scheint direkt aus der Verhaltensbiologie übernommen worden zu sein. Schon der Vogelforscher Paul Géroudet verwendet diesen Begriff in Bezug auf Prozesse der Revierabgrenzung bei Stelzenläufern.[30]

In erweiterter Fassung bezeichnet »Ritornell« bei Guattari diejenige Instanz, die in einem Verhaltensgefüge (*agencement comportemental*) für den Zusammenhalt von heterogenen Komponenten sorgt: einerseits der biologischen, chemischen, physikalischen und semiotischen Gegebenheiten des Gefüges, andererseits seiner »hyper-deterritorialisierten Komponenten«, die etwa der Einbildungskraft oder dem Traum zugehören. »Ritornell« heißt in diesem Kontext jene Funktion, die die verschiedenartigen Elemente, zwischen denen es eigentlich kaum eine Verbindung gibt, in ein Zusammenwirken setzt, und dabei spielt es keine Rolle, ob es sich um einen Vogel, seine Artgenossen und Feinde im Terrain des Waldes handelt (Thorpe) oder ob es um einen bürgerlichen Salon geht, in dem Effekte der Gesichtlichkeit, feine Handbewegungen und Geruchssensationen verknüpft werden (Proust).

Ritornelle haben einen genuin transversalen Charakter, und dies erklärt die herausragende Stellung, die dem Konzept in der Guattari'schen Theorie zukommt. So kann beispielsweise offenbleiben, ob ein Ritornell eine künstliche oder eine natürliche Instanz ist. Aus Sicht der Schizoanalyse bewegen sich das kleine Motiv von Vinteuil und der Gesang eines Prachtfinken auf einer Ebene. Auch die Frage nach dem Ort des Ritornells stellt sich, wenn überhaupt, nur in transversalen Begriffen.

In *Tausend Plateaus* heißt es: »[D]er Klang

dringt in uns ein, gibt uns einen Stoß, reißt uns mit, durchdringt uns.«[31] Dies gilt, in gewisser Weise, auch vom Ritornell: Fortwährend unterläuft oder überschreitet es die Grenze zwischen Innen und Außen. Wir sind Teil von ihm und gleichzeitig ist es Teil von uns. Daher ist es relativ sinnlos, nach der räumlichen Ausdehnung, nach Anfang und Ende eines Ritornells zu fragen. Das ist, als würde gefragt werden: Wo beginnt ein Klang, wie er beispielsweise mithilfe eines Flügelhorns produziert wird? In der Lunge, in der Luftröhre, an den Lippen oder erst im Körper des Instruments? Und, einmal hervorgebracht, wo endet er? An der Öffnung des Horns, im Ohr der Zuhörer oder an den Wänden des Konzertsaals?

An dieser Stelle stößt Guattari erneut auf Beuys. Der Luftstrom, in den ein Sender etwas »hineinskulpturiert«, das von einem Empfänger zu »exformieren« ist, dient bei Beuys nämlich als prominentes Beispiel für die plastische Aktivität: Demzufolge muss ein Sprecher »durch die Kraft, die hinter der Leiblichkeit liegt, die Leiblichkeit auch seiner Umgebung bewegen, mit dem Luftstrom, der durch die Luftröhre bewegt wird, durch den Kehlkopf gepreßt wird und in weitere Sprachorgane (Zunge, Gaumen, Zähne, Mundraum) gelangt«.[32] Guattari beruft sich auf dasselbe Beispiel, um Sprache und Maschine zusammenzubringen und voneinander zu unterscheiden: »Die Stimme als Sprechmaschine zerschneidet und gründet die strukturelle Ordnung der Sprache, nicht umgekehrt.«[33] Maschine = Plastik (= In-Formation), so ließe sich die Relation Guattari/Beuys an dieser Stelle resümieren.

Angesichts solcher Verhältnisse wird man in Hinsicht auf das Ritornell mit Monakow und Mourgue sagen, dass allein seine *chronogene* Lokalisierung Aussicht auf Erfolg hat. Tatsächlich sind Ritornelle in grundlegender Weise mit der Dimension der Zeit verbunden, und nicht zufällig heißt das wichtige Kapitel zur Verhaltensbiologie in Guattaris Buch von 1979, *L'inconscient machinique*, »Le temps des ritournelles«. Spätestens seit den Arbeiten Jakob von Uexkülls ist bekannt, dass jedes Lebewesen eine »Eigenzeit« hat, die abhängig von den in Gehirn und Zentralnervensystem verkörperten Zeitverhältnissen ist. Die Eigenzeit bemisst sich an der Länge des Moments, den ein Organismus braucht, um aufeinanderfolgende äußerliche Eindrücke als gleichzeitige Merkmale wahrzunehmen. Beim Menschen beträgt dieses Intervall ungefähr eine Zehntelsekunde, bei der Weinbergschnecke eine Viertelsekunde, beim Kampffisch aber nur ein Fünfzigstel einer Sekunde.[34]

In Verhaltensgefügen, in denen mehrere Arten von Lebewesen zusammenkommen, geht es daher stets um Probleme des *timings*, d. h. um mehr oder weniger problematische Abstimmungen unterschiedlicher Eigenzeiten: Wespe und Orchidee, Zecke und Hund, aber auch Katze und Mensch. Diese Verhältnisse werden noch interessanter, wenn technische Wesen ins Verhaltensgefüge integriert werden. Dann handelt es sich, allgemein gesagt, um die wechselseitige Anpassung von Rhythmus und Takt, von biologischer, sozialer und technischer Zeit, konkret zum Beispiel um die kollektive Abstimmung zwischen dem Takt einer Produktionsanlage und dem Bewegungsrhythmus der einzelnen Arbeiter.[35]

Eine so verstandene Ethologie stellt die notwendige Ergänzung zur Guattari'schen Ästhetik dar. Zu einem »ethisch-ästhetischen Paradigma« dringt Guattari nämlich erst durch die Einbeziehung verhaltensbiologischer Aspekte vor. Ethik und Ästhetik? Allerdings. Denn was Deleuze in einem kurzen Text über Spinoza gesagt hat, ist ohne Umschweife auch auf den Schizoanalytiker anzuwenden: »Spinozas Ethik hat nichts zu tun mit einer Moral, er begreift sie als Ethologie, d. h. als eine Zusammensetzung von Schnelligkeiten und Langsamkeiten, Vermögen zu affizieren und affiziert zu werden

[…].«[36] Nicht etwa um sittliche Normen geht es also in der schizoanalytischen Ethik, sondern um eine zeitsensible Verhaltenslehre; nicht um die Deutung und Wertung von Verhalten, sondern um seine Beobachtung und Experimentalisierung.

III

Isabelle Stengers hat ihr preisgekröntes Buch *Die Erfindung der modernen Wissenschaften* mit folgender Widmung versehen: »Für Félix Guattari und Bruno Latour – in Erinnerung einer Begegnung, die nicht stattgefunden hat«.[37] Diese Geste gegenüber dem Schizoanalytiker und dem Wissenschaftssoziologen kommt keineswegs überraschend, denn in der Tat gibt es zwischen den Bemühungen Latours, die Löchrigkeit der Grenze zwischen Wissenschaft und Gesellschaft aufzuweisen, und der Guattari'schen Erkundung von ethisch-ästhetischen Rhizomen aufschlussreiche Berührungspunkte.

In einem späten Interview hat Guattari sein Interesse für die Akteur-Netzwerk-Theorie explizit unterstrichen: »Ich interessiere mich sehr für alle Arbeiten der soziologischen Schule um Bruno Latour, weil ich es sehr wichtig finde, dass die wissenschaftlichen und technologischen

Objekte an die Gesamtheit ihrer sozialen, ökonomischen, kontextuellen Dimensionen zurückgebunden werden.« Er fügt aber hinzu: »Es handelt sich nicht allein darum, die Heterogenität der Komponenten [eines wissenschaftlichen oder technischen Objekts] anzuerkennen, sondern vielmehr darum, sie zu verstärken, sie in einen Prozess der Heterogenese eintreten zu lassen.«[38] Die schizoanalytische Untersuchung eines bislang unbekannten Gens oder eines neuen Flugzeugs wäre demzufolge also doch noch etwas anderes als eine Akteur-Netzwerk-Analyse, die Wert darauf legt, »das Soziale flach zu halten«.[39]

Wie dem auch sei, im Anschluss an Latours Untersuchung des *Laboratory Life* haben Historiker und Soziologen jedenfalls begonnen, eine Reihe neuartiger Fragen an das gesellschaftliche Subsystem »Wissenschaft« zu stellen. Statt sich weiterhin für Paradigmen und Programme, Disziplinen und Forscherpersönlichkeiten zu interessieren, fingen die Wissenschaftsforscher an, konkret zu fragen: Wie sind die Gefüge beschaffen, in denen wissenschaftliche Tatsachen produziert werden? Aus welchen Komponenten setzen sie sich zusammen? Mithilfe welcher Prozeduren wird an den Stätten, die für die Wissenschaft charakteristisch sind, »Neues« hervorgebracht und dargestellt?[40]

Ganz in diesem Sinne betont auch Stengers in ihren historischen Untersuchungen den grundsätzlichen Feldcharakter wissenschaftlicher Tätigkeiten. Die Einführung neuer Experimentaltechniken bringt, so erklärt sie, »Welterzeugungen« in Gang, die sich auf die ganze Landschaft beziehen, in der Lebewesen *und* Dinge angesiedelt sind. Am Beispiel von Galileo Galilei verdeutlicht sie, wie sich an einfache technische Objekte (die schiefe Ebene, das Pendel oder die Waage) Experimentaldispositive anlagern, die nicht nur eine »mobilisierende Inszenierung von Dingen« bewirken, sondern zugleich auch Verfahren zur Qualifizierung derjenigen Wesen hervorbringen, die sich im Namen dieser Dinge äußern.[41]

Versuchsanordnungen und, in größerem Maßstab, Laboratorien sind so gesehen *enaktive* Installationen: Sie beruhen auf einem irreduzibel gleichzeitigen Auftauchen wissenschaftlich-technischer Praktiken und der Konstituierung von semiotischen Ordnungen, die immer auch Ordnungen der Macht und der Ermächtigung sind.[42] Nichts anderes meint Latour, wenn er im Anschluss an Shapins und Schaffers wegweisende Studie *Leviathan and the Air-Pump* darauf hinweist, dass es im England des 17. Jahrhunderts die Vakuumpumpe war, die unzählige menschliche und nicht menschliche Akteure –

vom König bis zum Gewicht der Luft – assoziierte, kombinierte und neu gruppierte: »Um die Arbeit der Pumpe herum bildet sich ein neuer Boyle, eine neue Natur, eine neue Theologie der Wunder, eine neue Wissenschaftlergemeinschaft und eine neue Gesellschaft, zu der nun auch Vakuum, Wissenschaftler und Labor gehören.«[43]

Wenn es nun Ritornelle sind, die die Aktivitäten in den heterogenen Kollektiven der Forschung organisieren, dann steht das Feld, das sich gegenwärtig zwischen Wissenschaftsgeschichte und Medientheorie öffnet, vor vergleichsweise genau umschriebenen Aufgaben. Statt nämlich weiterhin auf eine Diskursanalyse zu vertrauen, die sich vornehmlich für die Register Sprache, Blick und Raum interessiert, wird dieses Feld mehr Aufmerksamkeit auf die spezifische Zeitlichkeit derjenigen Anordnungen und Einrichtungen verwenden müssen, aus denen wissenschaftliche Tatsachen hervorgehen. Die Forschungsanstalten der heutigen Physik warten in ihrem Inneren mit immensen Beschleunigungsapparaten auf, gleichzeitig arbeitet die Physik aber mit extremen Dehnungen und Verlangsamungen. Ähnliches gilt für die Molekularbiologie mit ihren Ultrazentrifugen und Elektronenmikroskopen. Anders als durch eine solche Radikalisierung der Zeitverhältnisse können wissenschaftliche Fakten offenbar kaum mehr stabilisiert werden.

Bevor darangegangen wird, diese Zeitverhältnisse von Wissenschaft erneut ins Register des Sichtbaren einzutragen, wären das Material und die Semiotik wissenschaftlicher Einrichtungen erst einmal »akustisch« zu erschließen. Die Frage, die Latour und Guattari *gemeinsam* stellen, lautet: Was sind die Ritornelle der Wissenschaft? Welche Komponenten enthalten die Verhaltensgefüge der Forschung? Was territorialisiert sie und was sind ihre potenziellen Fluchtlinien? Im Rahmen einer Symmetrischen Ethologie müssten die synchronisierenden Faktoren aus dem Getriebe der Forschung also gleichsam herausgehört werden, wenn erfasst werden soll, wie sich in den jeweiligen Wissenschaften die Verbindungen zwischen »Natur-Technik-Theorie«-Blöcken einstellen.

Vielleicht zeigt sich dabei, dass dies nicht grundlegend anders als in manchen Installationen der zeitgenössischen Kunst geschieht. Denn auch diese Installationen sind dem soziologischen und/oder historischen Zugriff auf das zeitbasierte Zusammen- und Gegeneinanderwirken von materiellen und semiotischen Komponenten zugänglich. Das gilt für die Maschinenanordnungen von Beuys ebenso wie für Godards Videoarbeiten und für Duchamps Beiträge zur »Präzisionsoptik«. Auch in diesen Fällen handelt es sich, mit Stengers gesprochen, um *enaktive* Versuchsanordnungen, die Personen und Dinge mobilisieren, um zu machtgeladenen »Welterzeugungen« zu gelangen. Dementsprechend heißt auch im Falle der Kunst die Ausgangsfrage immer wieder: »Wo und wie ist dieses Zusammentreffen zustandegekommen?«,[44] um im Weiteren die Ritornelle ausfindig zu machen, mit denen die Bestandteile der Installation in ihrer Heterogenität kombiniert und kontrastiert werden, um neue Wahrnehmungen und unvertraute Erfahrungen hervorzubringen.

Auch in diesem Sinne ist zu verstehen, dass Guattari im Rahmen des von ihm postulierten »ästhetischen Paradigmas« immer wieder auf den Begriff des Experimentierens zurückkommt. Ob sich damit aber, wie bei Latour, eine Vision von der Globalisierung von Experimenten verbindet,[45] scheint trotz der planetarischen Ambitionen Guattaris durchaus fraglich. Unabhängig davon, ob es sich um wissenschaftliche oder künstlerische Praktiken handelt, ist Experimentieren im Sinne Guattaris nämlich stets eine situierte Aktivität, eine sozial und kulturell gebundene Tätigkeit, die auf die Schaffung existenzieller Territorien zielt.[46]

2. Hörbare Versuche

Stillekammern sind Laborfraktale. Ähnlich wie Respirationsräume oder Brutschränke wiederholen sie innerhalb des Labors jene Mischung von architektonischer Abschirmung und technischer Verbindung, durch die sich experimentelle Unternehmungen zunächst von ihren alltäglichen Umgebungen separieren, um sich auf anderen Wegen wieder mit ihnen zu konnektieren: einerseits also Wände, Türen, Fenster, Polster; andererseits Kabel, Röhren und Leitungen, aber auch Spuren, Bilder und Texte.

Bewohnt wird die *camera silenta* von einem schwer fassbaren, vielköpfigen Subjekt, das durch Bewegungen auf der Stelle die Grenzen zwischen Innen und Außen stets aufs Neue bestimmt. Anders als ihr optischer Widerpart, die *camera obscura*, ermöglicht es dieser Raum nur im Ausnahmefall, »die Übereinstimmung zwischen der äußeren Welt und ihrer Repräsentation im Inneren zu überwachen und zu gewährleisten und alles Ungeordnete oder Regelwidrige auszuschließen«.[47]

Es geht also nicht um Erfahrungen von Kontrolle, sondern um Praktiken des lokalen Experimentierens, Praktiken, die ihre Territorien mit sich führen, sich ihre eigenen Umwelten schaffen. Das zeigt sich auch daran, dass die Störungen, die die Laborfraktale eigentlich ausschließen sollen, immer wieder ähnlichen Störungen Platz machen. Besonders deutlich wird das im akustischen Register. Es genügt daher nicht, sich Versuchsräume in ihrer Gemachtheit bloß vor Augen zu führen. Die fraktalen Laboratorien wollen nicht nur gesehen, sie müssen auch gehört werden.

Die Geschichte der *camera silenta* ist mit der experimentellen Erforschung lebendiger Zeit aufs Engste verbunden. Tatsächlich haben schallisolierte, schalldichte und schalltote Kammern nicht nur in der Geschichte von Gefängnis und Klinik ihren Platz. Ebenso wenig sind sie hauptsächlich mit dem Aufkommen der bürgerlichen Innerlichkeit verbunden. Marcel Proust hat bekanntlich versucht, seine Untersuchungen zur verlorenen Zeit durch Korkwände gegen den Lärm vom Boulevard Haussmann abzuschirmen. Doch in den Metropolen des 19. Jahrhunderts wurden auch die Zeitbestimmungen von Astronomen durch Lärm

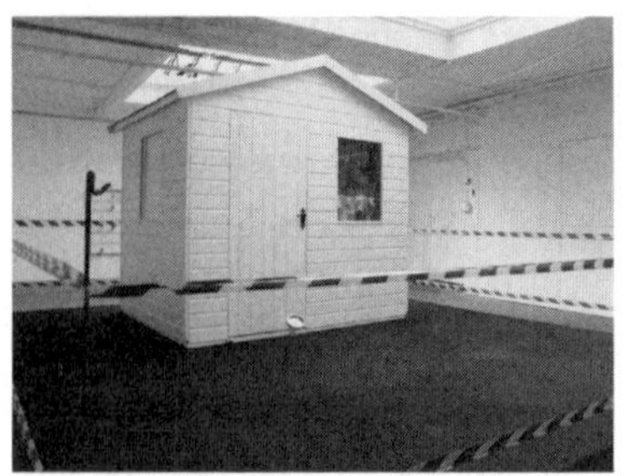

Abbildung 2.1: Klaus Weber, *Brutstube* (2002)/ *Unfolding cul-de-sac* (2004). Anfangszustand.

gestört. Vor allem das unkoordinierte Läuten von Kirchturmglocken irritierte die Astronomen bei der geforderten Abstimmung von Pendeluhren und Sterndurchgängen.

Ähnlichen Schwierigkeiten waren die zeitmessenden Psychologen und Physiologen um 1900 ausgesetzt. Die Telegrafie der Zeit, wie sie seit Mitte des 19. Jahrhunderts in Paris, Berlin und anderen Städten praktiziert wurde, bildete zwar den technischen Horizont und definierte die Grenzen der präzisen Vermessbarkeit von nervösen und zerebralen Zeiten. Doch zugleich beeinträchtigte der Lärm außerhalb und innerhalb der städtischen Forschungsstätten die elektromagnetische Zeitmessung am lebenden Versuchsobjekt.

Das war die Situation für Wilhelm Wundt in seinem Leipziger Labor ebenso wie für Alfred

Binet in Paris, für Edward Scripture in den Vereinigten Staaten und für Iwan Pawlow in der Sowjetunion. Einmal gemessene Reaktions- und Kontraktionszeiten waren nur schwer reproduzierbar; und die wichtigste Ursache dafür lag in der Ablenkung der menschlichen Aufmerksamkeit durch störende Geräusche.

Da Laboratorien nun aber nicht einfach verlegt werden können, bestand die Antwort auf dieses Problem zumeist darin, innerhalb der bestehenden Räumlichkeiten schallisolierte Zimmer einzurichten. So fanden sich Versuchspersonen in buchstäblich doppelbödigen Kammern wieder, deren zweifache Wände innen mit Schutt oder Sägespänen aufgefüllt und die außen mit Pferdehaaren verkleidet worden waren. Nur so, dachte man, könne eine Versuchsperson ihre Aufmerksamkeit in hinreichendem Maße auf einzelne Reize und Reaktionen fokussieren; nur so finde eine Ablenkung durch andere Stimuli nicht statt. Dass sich damit auch ein Zugang zum Zusammenhang von Organlosigkeit und lebendiger Zeit eröffnete, wurde aber in den seltensten Fällen erkannt.

Der Effekt, den die Einrichtung schallisolierter Räume auf die experimentelle Zeitforschung hatte, beschränkte sich auf die Verlagerung von Störungen. Nach Fertigstellung der *camera silenta* im Utrechter Labor für psychologische

Forschung musste man feststellen, dass im Inneren der Kammer immer noch die Geräusche draußen vorbeifahrender Fahrzeuge zu vernehmen waren. Abhilfe sollte eine *camera silentissima* schaffen: eine Art Käfig mit Wänden aus Torf, in den die Versuchsperson während der Messungen ihren Kopf stecken sollte.

Aber selbst dann war der störende Lärm noch nicht verschwunden. Betrat man die Kammer, hörte man ein leises Geklingel, hohe Töne, Vogelgesang, Hahnenschreie, sogar Melodien. Der Direktor des Utrechter Labors, Hendrik Zwaardemaker, war sich nicht sicher, ob die Geräusche in der Stille von der Blutzirkulation im Körper herrührten oder ob es sich um akustische Nachbilder von Geräuschen handelte, die vor dem Eintritt in die Kammer wahrgenommen worden waren.[48] Doch unabhängig davon, ob es sich um die Präsenz des Körpers oder die Nachträglichkeit des Körperlichen handelte: In der schalldichten Doppelkammer machte sich eine Art von lebendiger Zeit bemerkbar, eine bewegliche Stille, die nicht vom gesuchten Nullzustand abwich, sondern diesen präzise markierte.

Edward Scripture erging es nicht anders. Auch er entdeckte beim Eintritt in die Stille und Dunkelheit des isolierten Raums in seinem Labor an der Yale-Universität unerwartete Körpergeräusche. Und auch er wurde durch sie auf die Zeit zurückgeführt: »Bei jedem Atemzug knarren, scharren und rascheln meine Kleider. Die Muskeln der Wangen und Augenlider poltern. Wenn ich zufällig meine Zähne berühre, gibt es einen herrlichen Lärm. Ich höre ein lautes und schreckliches Tosen in meinem Kopf. Natürlich weiß ich, dass es nur der Lärm des Bluts ist, das durch die Arterien in den Ohren rast [...], doch ich kann mir ebenso vorstellen, dass in mir ein altes Uhrwerk sitzt und dass sich, wenn ich denke, dessen Räder bewegen.«[49]

In der Distanz zu jeder offensichtlichen Lärmquelle (auch Armbanduhren mussten vorher abgelegt werden) ereigneten sich also Begegnungen mit dem innigen Zusammenhang von Körpertiefe und Bewegung. Scripture zog daraus einen Schluss, der ebenso radikal wie konsequent erscheint: In seinen Augen war die Versuchsperson selbst die »ultimative Quelle der Störung« psychologischer Zeitmessung. Zur exakten Wissenschaft konnte diese Disziplin paradoxerweise nur werden, wenn der Mensch als Gegenstand aus ihr ausgeschlossen wurde.

Andere Wissenschaftler bemühten sich, ihre Erfahrungen in der *camera silenta* produktiver zu wenden. Zumindest ein Stück weit ließen sie sich auf den merkwürdigen Körper-*sound* ein, der im Inneren der Stillekammer vernehmbar

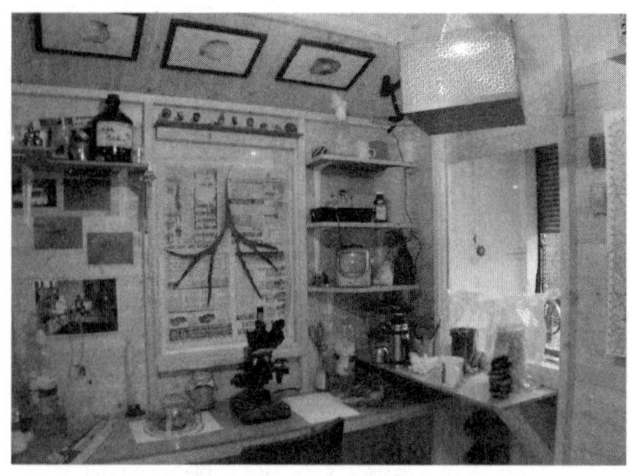

Abbildung 2.2: Klaus Weber, *Brutstube* (2002)/ *Unfolding cul-de-sac* (2004). Innenansicht.

wurde. Für Alfred Binet, Oswald Külpe und andere wurde das körperliche Rauschen zum Anhaltspunkt dafür, dass das Psychische nicht in kleinste Teile zergliedert werden könne, sondern wesentlich dynamisch verfasst sei. Um 1900 entdeckte Binet dann ein »anschauungsloses Denken« (*pensée sans images*), das sich nicht auf Wahrnehmungen und Empfindungen zurückführen ließ, sondern in seiner Dauer zu akzeptieren und zu untersuchen war.

Erst Mitte des 20. Jahrhunderts wurde jedoch auf den Begriff gebracht, dass die *camera silenta* eigentlich kein Hör-Raum, sondern ein Zeit-Raum im strengen Sinne ist. Und wahrscheinlich war es kein Zufall, dass dies nicht einem Laborpsychologen, sondern einem Musiker, Komponisten und Pilzexperten zu verdanken ist. Was John Cage in den frühen 1950er-Jahren aus seinem Besuch in einer der beiden echofreien Kammern an der Harvard-Universität mitbrachte, war die Einsicht, dass es so etwas wie absolute Stille nicht gebe: »Etwas geschieht immer, das einen Klang erzeugt.«[50]

Das Entscheidende ist allerdings nicht, wo genau Cage seine Erfahrung »tosender Stille« machte, sondern dass sie zum Grundstein für seine spätere Arbeit als experimenteller Komponist wurde. Kurz danach, im August 1952, wurde *4'33"* in Woodstock uraufgeführt.

Noch in den frühen 1940er-Jahren hatte sich Cage auf einen dialektischen Begriff von Stille gestützt, der vor allem dazu diente, die Strukturen musikalischen Materials zu durchdringen. Zu dieser Zeit waren Klang und Stille für ihn einander ausschließende Phänomene, die durch ihre Aufeinanderfolge wesentlich bestimmten, was Musik sei. Wenig später entwickelte er einen davon abweichenden, räumlichen Begriff von Stille. Maßgeblich für diesen war seine Auseinandersetzung mit den Werken Erik Saties. Stille bezog sich nun vor allem auf Umweltgeräusche, die von bestimmten Zuhörern in konkreten Situationen vernommen wurden. Die Erfahrung im echofreien Raum führte

Cage dann dazu, Stille mit Nichtvoraussagbarkeit und insofern mit Zeit zu verbinden. Nach seinem Aufenthalt in der echofreien Kammer trat für ihn in den Vordergrund, dass die Geräusche, die die Stille erfüllten, durch die Abwesenheit von Absichten verbunden waren: Die *sounds of silence* hatten gemeinsam, dass sie keiner vorgegebenen Richtung, Bestimmung oder Bedeutung folgten.

Das Rauschen avancierte damit zu einem Null-Zustand des Musikhörens und Musikmachens, zu einem Zustand, der eine ständige Offenheit gegenüber dem aufwies, was jeweils als Nächstes geschah – und das beinhaltete auch, dass Stille und lebendige Zeit miteinander verbunden waren: »Der gemeinsame Nenner null ist dort, wo das Herz schlägt (niemand hat *die Absicht*, sein Blut zirkulieren zu lassen).«[51]

Die Erfahrungen, die in Laborfraktalen gemacht werden, sind, so könnte man sagen, Erfahrungen von *Organlosigkeit*. Was sich im schallisolierten Raum bemerkbar macht, ist ein amorphes, undifferenziertes Fließen des Körpers, ein Brummen und Heulen, das sich querstellt zur gängigen Organisation der Organe. Jede *camera silenta* ist insofern eine »Brutstube« (Abb. 2.1–2.3), in der sich die Kontakte zwischen Innen und Außen, Ich und Nicht-Ich, Hirn und Stadt so transformieren und intensivieren, dass neue Subjektivierungen entstehen. Im vorliegenden Fall haben sie prekären Status: Wissenschaftler? Künstler? Verrückter? Krieger?

Dieser Prekarität entspricht, dass Berichte wie der von Cage eine implizite Kritik am Okularzentrismus enthalten, der viele wissenschafts- und kunsthistorische Arbeiten auf den kontrolliertesten aller Fernsinne setzen lässt, um andere Organe, Instrumente oder Medien nach seinem »Vor-Bild« zu erklären. Zugleich konterkarieren diese Berichte eine beharrliche Denkfigur, die das sich wandelnde Verhältnis von Technik und Erkenntnis auf Fragen der Projektion und Verlängerung des menschlichen Gesamtkörpers oder, umgekehrt, auf solche der Introjektion und Verkörperung menschlicher Technik zurückführt.

Diese Denkfigur ist nicht nur, wie schon Georges Canguilhem gezeigt hat, zutiefst tautologisch;[52] sie setzt immer auch eine bestimmte Organisation der Organe (= Werkzeuge) voraus, nimmt den Körper also als eine Art fest montierte Statue, in die an genau umschriebenen Plätzen ebenso genau bestimmte Funktionen eingebaut sind – ohne in Rechnung zu stellen, dass individuelle und kollektive Körper in Prozesse des Werdens eingebettet sind und dass Experimente eben auch dies können: Körper hervorbringen, die nur durch Achsen und Vek-

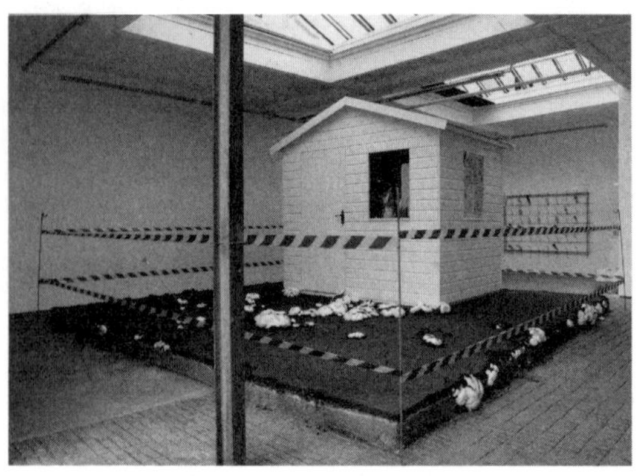

Abbildung 2.3: Klaus Weber, *Brutstube* (2002)/ *Unfolding cul-de-sac* (2004). Endzustand.

toren, Gradienten und Schwellen definiert sind und in denen Organe (= Werkzeuge) lediglich als Intensitäten auftauchen, wirksam werden und wieder verschwinden.

Solche »Körper ohne Organe« sind, wie Deleuze und Guattari erklären, keine Schauplätze, keine Orte, nicht einmal Träger, auf denen sich etwas ereignet. Sie markieren vielmehr Grenzen, Zustände, Intensitäten = 0, die an nichts anderes als an Komplexe von Praktiken gebunden sind. Als Immanenzfelder oder Konsistenzebenen des Experimentierens entstehen die organlosen Körper während des konstruktiven Funktionierens jener subjektiv-objektiven Gefüge, die Teile von Pflanzen und Tieren, Menschen und Maschinen kombinieren, um epistemische oder ästhetische Effekte hervorzubringen.

Körper ohne Organe werden also durch Experimente hervorgebracht, und dies kann, mit Deleuze und Guattari gesprochen, »in ganz verschiedenen Gesellschaftsformationen geschehen, und durch ganz unterschiedliche Gefüge, durch perverse, künstlerische, wissenschaftliche, mystische oder politische [...]«.[53] Es geht also nicht um eine wilde Deterritorialisierung, ebenso wenig aber um den Rückzug in zivilisationsferne Hütten (Thoreau, Heidegger, Kaczynski). Der Einsatz ist vielmehr eine periphere Ansiedlung im Zentrum, eine kalkulierte Aushöhlung von Dominanz, die Rekultivierung besetzter Territorien.

Bis vor Kurzem erschien es angemessen, die »heterogenen Kollektive« (Latour), die in Wissenschaft und Kunst zur Hervorbringung des Neuen dienen, hauptsächlich räumlich zu erfassen, sie zu »kartografieren«. In Zeiten fortschreitender Cyborgisierung stellt sich eine andere Aufgabe. Die produktiven Praktiken in Laboratorien und Ateliers sind auf die Bewegungsunterbrechungsverhältnisse zurückzubeziehen, die der Synthese des Heterogenen vorausliegen.

Früher waren überall Kopplungen, Verschaltungen. Heute dominiert eine neue Nahtlosigkeit. Was einmal als Werkzeug oder Medium am Körperaußen ansetzte, ist in der Zwischenzeit selbst zum kleinen Körper geworden, dringt organisch in andere Körper ein, verbindet sich mit ihnen, geht durch sie hindurch. An die Stelle der rekombinanten Subjektivierungs- und Objektivierungsstrategien treten damit Verfahren der Beschleunigung und der Verlangsamung, der Vorwegnahme und des Rückgriffs, der Wiederholung und der Differenzierung.

Diese Verfahren dienen aber nicht länger dazu, den Gegensatz von »lebendiger Arbeit und enteigneter Zeit« zu profilieren. Sie zielen auch nicht auf einen erneuten Rückzug in die vielzitierte »Eigenzeit«. Wenn Uhren, Zeitungen, Fernseher und Rechner als offensichtlichste Instanzen urbaner Synchronisierung fungieren, werden durch sie vielmehr auch die Aussichten und Beschränkungen für die Arbeit der heterogenen Kollektive definiert. Epistemisches oder ästhetisches Potenzial gewinnen diese Kollektive aus der innigen Verbindung mit der Materialität des Simultanen und der parallel dazu stattfindenden Abgrenzung vom Lärm der Zeit. Erst dann kann die magische Gleichung »Marginalität = Zentralität« zu ihrem Recht kommen.

Die *agencements*, die so entstehen, verwandeln die Körper der Subjekte. Sie werden zu

Spinnen im Netz: Ohne Augen, ohne Ohren, ohne Nase warten und brüten sie in ihren selbstgezimmerten Stätten, bis sie durch kleinste Erschütterungen wie von einer Beute angelockt werden. Dann werden Glockenschläge zählbar, obwohl man gar nicht zugehört hat. Am Geräusch der ersten Straßenbahn lässt sich ablesen, wie das Wetter ist – ohne dass man einen Blick nach draußen geworfen hat. Und der Geruch von Pilzen stellt sich ein, Pilze, die sich langsam, aber sicher ihren Weg durch die Straßendecke nach oben bahnen. Solche Erschütterungen führen nicht zu Bildern. Sie eröffnen Fluchtlinien der Zeit: ein Fließen, ein Rauschen, ein Wuchern. Man sieht es nicht. Aber man kann es hören.

3. Mit Helmholtz am Quai de Conti*

»Helmholtz halten sie für einen Verrückten.« *Das, Herr Schmidgen, schrieb Emil du Bois-Reymond in einem Brief an Carl Ludwig aus Paris. Da hielt der Frischvermählte bereits seit Oktober 1849 Vorlesungen an der Albertina und begann mit seiner Forschungsarbeit zur Froschphysiologie. Bevor wir uns den neuronalen Prozessen zuwenden: Helmholtz war gewiss nicht verrückt, aber wer war der 28-Jährige in der Science Community, was stellte er dar, nach der Promotion bei Müller, nach dem Intermezzo als Militärarzt und an der Kunstakademie, was bedeutete ihm Königsberg?*

Schon in jungen Jahren war Helmholtz als herausragender Wissenschaftler seiner Generation in Erscheinung getreten, als einer von denen, die nicht einfach in eine wissenschaft-

* Interview anlässlich des Erscheinens von *Die Helmholtz-Kurven*, Berlin 2009. Seitenangaben im Text beziehen sich auf dieses Buch.

liche Gemeinschaft hineinwachsen, sondern entscheidend dazu beitragen, sie überhaupt erst zu definieren und zu etablieren. Natürlich war schon vor ihm viel von Experimenteller Physiologie die Rede gewesen, besonders bei Johannes Müller. Aber der jüngeren Generation, Emil du Bois-Reymond, Ernst Brücke, Carl Ludwig und eben auch Helmholtz, schwebte etwas anderes vor: eine *Organische Physik*, die in radikaler Weise mit der klassischen Naturphilosophie brechen würde, deren Überreste man selbst bei Müller noch erkennen konnte.

Berlin, das sich langsam zur Großstadt mauserte, war dafür die ideale Kulisse. Ohne hektische Betriebsamkeit bot die Stadt dennoch genug Ressourcen für wissenschaftliche Innovationen. Um 1850 konnte Helmholtz im Berliner Medizinerviertel auf Telegrafenkonstrukteure und Stahlbau-Architekten treffen, um kurz darauf ein paar Frösche aus der Panke zu fischen, die er in seinem Stubenlabor als Versuchstiere benutzte. Die Organischen Physiker, Helmholtz ebenso wie du Bois-Reymond, gaben sich weltläufig und modern. Sie trieben physiologische *und* physikalische Studien und maßen dem konstruktiven Zeichnen große Bedeutung zu. Die Assoziierten kleideten sich leger wie Künstler, posierten aber mit entschlossenem Blick für Daguerreotypien.

Der Revolution von 1848 stand man reserviert gegenüber. Wurde es auf den Straßen zu laut, schloss man die Fensterläden, um in Ruhe weiter an mutmaßlich bahnbrechenden Studien arbeiten zu können. Welche Probleme das mit sich bringen konnte, hatte Helmholtz allerdings schon vor 1848 erlebt. Seine Abhandlung *Über die Erhaltung der Kraft*, in der er den Energieerhaltungssatz nicht nur ausführlicher dargelegt hatte als zuvor Carnot und Mayer, sondern ihn auch auf die Physiologie ausdehnte, war von Poggendorff nicht zur Publikation in den berühmten *Annalen der Physik und Chemie* angenommen worden: zu philosophisch, zu spekulativ lautete das Verdikt.

Auf die Berufung an die Königsberger Universität hatte das keinen Einfluss. Durch die Promotion bei Müller und die anschließend ausgeführten Studien zum Stoffverbrauch und zur Wärmeentwicklung der Muskeltätigkeit hatte Helmholtz sich genug Ansehen erworben, um als geeigneter Nachfolger von Brücke zu erscheinen. Der Vater von Helmholtz, Gymnasiallehrer für Philosophie in Potsdam, wird das als Umzug in die Kant-Stadt gesehen haben. Helmholtz nahm die Stadt vollkommen anders wahr: als Zentrum der modernen Physik, in dem Wissenschaftler vom Schlage eines Franz Ernst Neumann buchstäblich Schule machten. In den

1840er-Jahren hatte Neumann zudem begonnen, über Elektromagnetismus zu arbeiten. Genau dies sollte das Feld sein, das Helmholtz bei seinen zeitmessenden physiologischen Experimenten produktiv nutzte.

Reisen wir zu Fortpflanzungsgeschwindigkeiten und Nervenimpulsen. In concreto, flanieren wir im Stil der Benjamin'schen Flaneure die Seine am Quai de Conti in Paris entlang, um mit Ihnen die Archive der Hausnummer 27 aufzusuchen. Was verbinden Sie mit diesem Ort, was empfanden Sie, als Ihnen dort erstmals die »Courbes autographes d'un muscle« *begegneten? Was hat das mit Flammruß, Fischleim, Champagnerglas und in freier Assoziation mit Duchamps Stoppagen* (Abb. 3.1) *oder Kandinskys Linientheorien zu tun?*

Ein Archiv ist ein Archiv – ein verlassener Ort, bevölkert von Papieren und Staub, von Beamten und Pensionären. Ein Archiv ist also ein Ort der langen Weile, ein Ort, an dem man sich nie sicher sein kann, was man findet oder eigentlich sucht. Das gilt auch für die Archive der Académie des Sciences in Paris, selbst wenn der Historiker in ihnen etwas Besonderes erblicken möchte. Immerhin fungierte diese Akademie im 19. Jahrhundert unter anderem als eine Art Nobelpreiskomitee. Die Académie

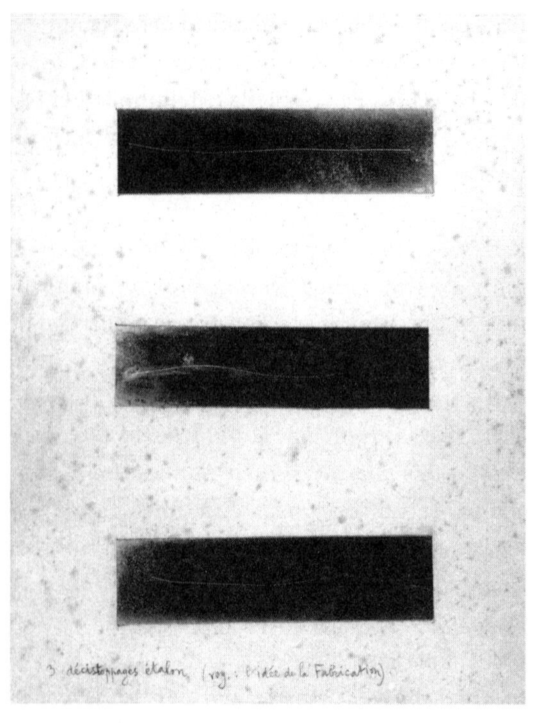

Abbildung 3.1: Marcel Duchamp, *3 décistoppages étalon (voy.: l'idée de la Fabrication).*

war nicht nur eine repräsentative nationale Wissenschaftsinstitution, sondern auch eine internationale Begutachtungs- und Beurkundungseinrichtung für Entdeckungen und Erfindungen. Für den Berliner Telegrafenbauer Werner Siemens, der dort 1850, übrigens mit tatkräftiger Hilfe von du Bois-Reymond, seine neuesten Geräte vorstellte, war die Académie schlicht und einfach »die erste wissenschaftliche Behörde der Welt« (S. 147). In der Tat führte, wenn es um die Anerkennung wissenschaftlicher und technischer Prioritäten ging, an dieser Institution und den von ihr herausgegebenen *Comptes rendus* kaum ein Weg vorbei.

Dennoch, ein Archiv bleibt ein Archiv, was in diesem Fall konkret heißt: eine unscheinbare Räumlichkeit im sechsten Stock eines zwar altehrwürdigen, aber ebenfalls unscheinbaren Gebäudes, das buchstäblich im Hinterhof eines Hinterhofes liegt. Immerhin gibt es einen Aufzug – und einen freundlichen Empfang. Nach der Erledigung von Formalitäten wird dem Besucher und Benutzer ein Tisch zugewiesen, und man bittet ihn darum, zu warten. Dann entsteht manchmal unerwartete Aufregung unter den Archivmitarbeitern: Wohin ist nur die fragliche Mappe geräumt worden, über die zuvor per E-Mail und Telefon verhandelt worden war? Wer hat sie genommen? Niemand. Nach einigem Hin und Her findet sie sich wieder. Und mit ihr die Kurven (Abb. 3.2 und 3.3).

Zunächst kommt in der Mappe ein Manuskript zum Vorschein, fünf handgeschriebene Seiten, signiert zwar von Helmholtz, aber möglicherweise durch seine Frau in Reinschrift gebracht. Das ist die sogenannte Deuxième

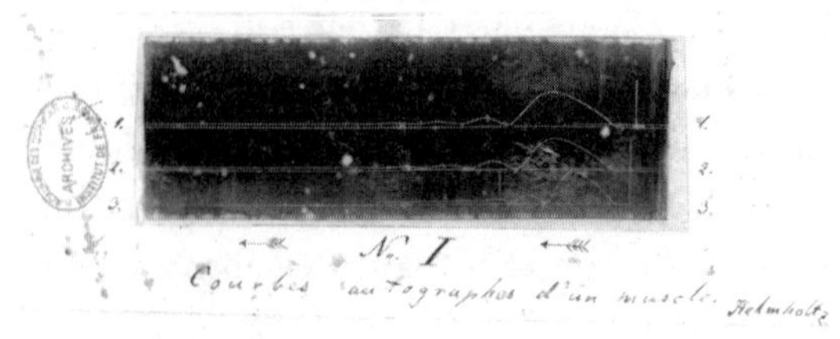

Abbildung 3.2: Hermann von Helmholtz, »Nr. I. Autographische Kurven eines Muskels« (1851).

Note, die zweite Mitteilung über die Geschwindigkeit der Fortpflanzung von Reizungen im Nerv. Die erste Mitteilung hatte Helmholtz ein Jahr zuvor, im Februar 1850, an die Académie geschickt.

Am Schluss des Manuskripts der »Deuxième Note« taucht erneut jener Absatz auf, der mich in Berlin auf die Spur der Kurven gebracht hatte. Schon in einem Entwurf zu dieser Mitteilung, der sich im Helmholtz-Nachlass an der Berlin-Brandenburgischen Akademie der Wissenschaften erhalten hat, ist nämlich mit Blick auf die Kurven von »Beispielen« die Rede.

Als Nächstes tritt in der Mappe ein bisher unbekanntes Helmholtz-Manuskript auf, gewidmet der »Explication des épreuves«. Und kurz darauf purzeln mir die Kurven entgegen, von einem Mitarbeiter des Archivs offenbar noch eilig in eine Plastikhülle gesteckt …

Die ersten Blicke auf die Kurven sind reine

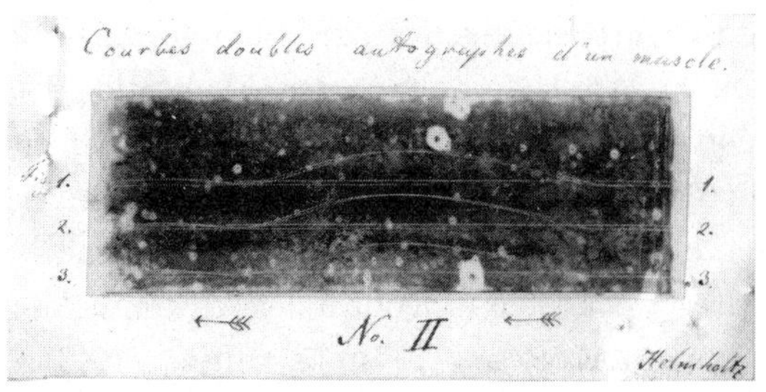

Abbildung 3.3: Hermann von Helmholtz, »Nr. II. Autographische Doppelkurven eines Muskels« (1851).

Anachronismen. Einerseits erinnern ihre Form und ihre eigentümliche Schichtung in der Tat an die *3 Kunststopf-Normalmaße*, zu denen Duchamp mehr als 50 Jahre später durch das Fixieren von zufällig herabgefallenen Fäden von jeweils einem Meter Länge kam. Diese Erinnerung ist umso eindrücklicher, als es Duchamp bei seinem künstlerischen Versuch vor allem darum ging, den Zeitfaktor auf konkrete, greifbare Weise in den Raum einzuführen. Die *Normalmaße* sind ebenso buchstäblich Momentaufnahmen wie die Helmholtz-Kurven.

Andererseits denke ich, es mit querliegenden Filmstreifen zu tun zu haben, mit in die Breite gezogenen Negativen von Schwarz-Weiß-Fotografien. Um 1850 lag ein solcher Gebrauch von Zelluloid aber noch in weiter Ferne. Erst in den 1880er-Jahren avancierte dieser organische Stoff zum durchsichtigen Träger für fotografische Bilder. Wie Helmholtz in der »Explication des épreuves« erläutert, handelt es sich bei der folienartigen Schicht, die seine Kurvenzeichnungen enthält, um Fischleim. *Colla piscium* wird aus der getrockneten Innenhaut der Schwimmblase von Stören gewonnen. Im 19. Jahrhundert war diese Substanz nicht nur zur Klärung von Bieren und Weinen, sondern auch zum Kleben von Porzellan und, zu feinen Schichten ausgewalzt, zum Kopieren von Zeichnungen verwendet worden.

Helmholtz, dem diese Substanz möglicherweise aus seiner Lehrtätigkeit an der Berliner Kunstakademie vertraut war, nutzte diesen klebrigen Film, um einen Abdruck von den Kurven zu erstellen, die er in Königsberg mithilfe eines kontrahierenden Froschmuskels und einer Stahlspitze auf einem rotierenden Glaszylinder, der zuvor mit Ruß bedeckt worden war, aufgezeichnet hatte. Bei diesem Glaszylinder handelte es sich um »ein passend abgeschnittenes Stück aus einem dicken, nahe cylindrischen Champagnerglase«, das nach Anweisung von Helmholtz »äußerst genau« glatt geschliffen worden war (S. 53).

Von den Archiven in Paris führt der Blick auf die Kurven also nicht nur, die Zeit hindurch, mehr als 150 Jahre zurück, ins Jahr 1851. Derselbe Blick eröffnet auch eine Passage im Raum, eine Zeichenfährte, die nicht allein nach Königsberg, ins Labor von Helmholtz führt, sondern über den Champagner und den Kaviar-Lieferanten Stör auch bis nach Russland und ans Kaspische Meer …

»Mettre sous les yeux!« *Das ist ein Aspekt, um uns Dinge epistemisch oder ästhetisch als grafische Methode vor Augen zu führen. Dazu aber bedarf es des experimentellen Umfelds – um Hand an den* Musculus gastrocnemius *zu legen. Manchem mögen die Froschgestelle aus Königsberg an Junggesellenmaschinen à la Raymond Roussel gemahnen. Sie sind weit davon entfernt. Bitte machen Sie uns – paradigmatisch – mit einer Helmholtz'schen Apparatur vertraut: Was funktioniert hier im Geist von Gauß, Weber, Poggendorff und Pouillet auf welche Weise?*

Der Geist von Gauß und Weber schwebt in der Tat über der Forschungsmaschine, mit der Helmholtz in Königsberg die Fortpflanzungsgeschwindigkeit der Reizung im Nerv bestimmte. Doch die Zeitgenossen standen einigermaßen fassungslos vor dieser Vorrichtung und den Beschreibungen, die Helmholtz davon lieferte. Alexander von Humboldt war schon perplex gewesen, als er die erste entsprechende

Mitteilung von Helmholtz las. An den befreundeten du Bois-Reymond schrieb er: »[Ich stehe] vor dieser mir selbst ganz unverständlichen Form: es ist von 14/10000 einer Secunde die Rede ohne daß man andeutet, wie solcher Zeittheil gemessen ist« (S. 147). Auch du Bois-Reymond war keineswegs zufrieden mit der von Helmholtz zuerst gegebenen Beschreibung: »Du hast die Sache nämlich, nimm es mir nicht übel, so maßlos dunkel dargestellt, dass Dein Bericht höchstens für eine kurze Anleitung zur Wiedererfindung der Methode gelten konnte« (S. 145).

Helmholtz reagierte – und zwar nicht nur dadurch, dass er mithilfe des rotierenden Glaszylinders Kontraktionskurven aufzeichnete, die er der Académie in Paris und anderen wissenschaftlichen Gremien »vor die Augen legen« konnte. In einem mit präzisen Handzeichnungen illustrierten Aufsatz lieferte Helmholtz auf nicht weniger als 90 Seiten auch eine ausführliche Beschreibung der elektromagnetischen Methode, auf die er sich anfänglich gestützt hatte.

Für den heutigen Leser ist diese Beschreibung ein Wunder an Detailliertheit. Doch selbst versierten Physikhistorikern bereitet sie Verständnisprobleme. Die Hauptschwierigkeit besteht darin, zu begreifen, wie man mithilfe eines

Magnetstabs, der mittig an einem Faden aufgehängt ist, und einer Stromquelle mit großer Genauigkeit jene extrem kurzen Zeiten messen kann, die zwischen der Reizung eines Froschmuskels und seiner Kontraktion verstreichen.

Das Grundprinzip der von Helmholtz eingesetzten Methode war 1845 durch den französischen Physiker Claude Pouillet angegeben worden. Dieser hatte darauf hingewiesen, dass die Ausschläge eines Galvanometers sich nicht nur dazu eignen, die Intensität eines kurzzeitigen Stroms zu bestimmen, sondern auch dessen präzise Dauer. Während Pouillet diese Umrechnung von Ausschlaggröße in Zeitdauer auf empirischer Basis, mithilfe einer Vergleichstabelle, vornahm, ging es Helmholtz um präzise Berechnungen, und genau an dieser Stelle greifen die von Gauß und Weber entwickelten Formeln zum Verhalten von Magnetometern ein.

In den späten 1830er-Jahren hatten Gauß und Weber in Göttingen mithilfe großer Magnetstäbe, die in metallfreien Hütten aufgehängt waren, die systematische Vermessung des Erdmagnetismus in Angriff genommen. Da es um ein internationales Projekt unter Beteiligung zahlreicher Wissenschaftler ging, wurden alle Daten und Parameter sowie konkrete Erfahrungen und Hinweise rasch publiziert. Auf diese Weise konnte Helmholtz unter anderem auf detaillierte Anweisungen zur Bestimmung der Schwingungsdauer von Magnetometern zurückgreifen – was der Schlüssel dafür war, die Drehbewegungen seiner Galvanometernadel in Zeitangaben umzurechnen.

In materieller Hinsicht gliederte sich die Forschungsmaschine von Helmholtz in drei Bereiche: ein Holzgestell, in das das Nerv-Muskel-Präparat eingehängt war und mit elektrischem Strom in der Weise gereizt werden konnte, dass es durch seine Kontraktion einen Kontakt unterbrach und damit das Intervall definierte, das gemessen werden sollte; ein Galvanometer, der dieses definierte Stromintervall in einen Nadelausschlag umsetzte; und ein Ablese-Fernrohr, das es – ebenfalls nach einer von Gauß und Weber angegebenen Methode – erlaubte, die Nadelausschläge mithilfe eines Spiegels und einer extern angebrachten Skala mit großer Genauigkeit zu registrieren.

Erst das Zusammenwirken dieser drei Bereiche und die Anwendung einer vergleichsweise aufwendigen Berechnungsmethode machten es möglich, die physiologischen Zeitmessungen mit der gewünschten Genauigkeit durchzuführen.

»Meine Froschcurven demonstriere ich überall.« So schrieb Helmholtz an seine Frau Olga. Inwie-

fern er damit Erfolg hatte, steht auf einem anderen Blatt. Um die »Zeitexperimente« zu verstehen, müssen wir in die Gelehrtenrepublik der 1850er-Jahre eintauchen, wo von Königsberg über Berlin, Paris, London und Pisa so manche Bataille geschlagen wurde. Bis zu Mareys »endgültigem« Verständnis der Helmholtz-Kurven war es jedenfalls ein langer Weg. Was verbinden Sie mit dem Fall Carlo Matteucci, dem du Bois-Reymond gar die Cholera an den Hals wünschte?

Das elektromagnetische Verfahren, das Helmholtz bei seinen präzisen Zeitmessungen zuerst zum Einsatz brachte, war keineswegs neu. Pouillet hatte es Mitte der 1840er-Jahre in Paris vorgestellt, und damit, ohne es zu wollen, eine regelrechte Schlammschlacht um Prioritäten ausgelöst. Im Gefolge seiner Mitteilung meldeten sich eine ganze Reihe von Wissenschaftlern und Technikern zu Wort, die beanspruchten, schon früher auf ähnliche Verfahren der elektromagnetischen Zeitmessung hingewiesen zu haben: Louis Breguet, Charles Wheatstone, Werner Siemens …

Bereits 1845 war die Anwendung des Elektromagnetismus auf Probleme der genauen Bestimmung und Mitteilung von Zeit aber keine Angelegenheit der Grundlagenforschung mehr. Man könnte sagen, es war die Anwendung einer

Anwendung. Tatsächlich handelte es sich bei der Mehrzahl der Akteure, die sich an der durch Pouillet ausgelösten Prioritätsdebatte beteiligten, um Pioniere des Telegrafenwesens, und die unterschiedlichen Arten von elektromagnetisch gesteuerten Uhren beruhten im Kern auf den Prinzipien der Telegrafentechnik. Letztlich galt das sogar schon für Gauß und Weber, die ihren elektromagnetischen Telegrafen, der seinerseits ein verkleinerter Magnetometer war, schon um 1835 für die Synchronisierung der Uhren in ihren Messstationen gebraucht hatten. Datennetzwerke im Wissenschaftsbetrieb gibt es also nicht erst seit dem Internet.

Um auf Matteucci zu kommen: Auch er war Telegrafenpionier, zudem Physiker und Elektrophysiologe. Von Pisa aus knüpfte er intensive Kontakte zur internationalen Wissenschaftsszene, zu von Humboldt und Müller in Berlin, zu Arago in Paris, zu Faraday in London. Und er stand in engem Kontakt mit Instrumentenmachern wie Louis Breguet (dem Enkel des berühmten Uhrmachers Abraham Louis Breguet).

Louis Breguet war nun aber in die Prioritätsstreitigkeiten mit Pouillet, Wheatstone und Siemens verwickelt, und ausgerechnet von Breguet ließ Matteucci sich einen elektromagnetischen Chronometer zum Einsatz in der physiologischen Forschung anfertigen. Matteucci war dabei durchaus innovativ. Tatsächlich arbeitete schon er, ganz wie Helmholtz wenig später, mit zwei unterschiedlichen zeitmessenden Verfahren, um die Muskeltätigkeit quantitativ genauer zu bestimmen: dem Einsatz von elektromagnetischen Kurzzeitmessern und der mechanischen Aufzeichnung von Kurven.

Helmholtz und du Bois-Reymond kannten und verfolgten die Arbeit von Matteucci genau. 1850 war du Bois-Reymond mit ihm sogar in einen Prioritätsstreit verwickelt, der vor der Académie in Paris ausgetragen wurde. Helmholtz geriet allerdings nicht in diese Verlegenheit. Mit seinen beiden Mitteilungen an die Académie hatte er die Frage der Priorität in Sachen physiologischer Präzisionszeitmessung klar beantwortet. Aber er sparte nicht mit kritischen Worten. So sagte er etwa, Matteucci habe zwar »mit anerkennenswerthem Fleisse eine große Anzahl mühevoller Versuche« angestellt, um dann aber hinzuzufügen, dass die theoretischen Vorstellungen des Wissenschaftlers aus Pisa »voll von Widersprüchen und unlöslicher Verwirrung« seien (S. 130).

Entmythologisieren wir den Mythos vom tout seul, *also den Möchtegern-Geniekult vom Forschergeist des 19. Jahrhunderts! Helmholtz hatte zwei Standbeine, die dies beispielhaft widerlegen. Wir denken an seine Frau Olga, wir denken an seinen Freund du Bois-Reymond. Der Briefwechsel mit dem Berliner Physiologen über einen Zeitraum von über vierzig Jahren (1846–1892) ist diesbezüglich ein wahres Mekka: Gelehrtenaustausch, Freundschaft, Unterstützung, Hilfestellung und Anteilnahme, offenbar ohne jedes* vanitas vanitatum. *Was konnotieren Sie in dieser Hinsicht?*

Natürlich ist der Briefwechsel zwischen Helmholtz und du Bois-Reymond eine enorme Lektüre, kein intellektuelles Geplänkel, sondern in der Tat *Dokument einer Freundschaft* (wie die Herausgeber um Christa Kirsten ihn genannt haben) – und zugleich Zeugnis einer intensiven wissenschaftlichen Kooperation zwischen Berlin und Königsberg.

Die Spuren der Zusammenarbeit von Helmholtz mit seiner Ehefrau Olga scheinen mir nicht weniger interessant. Wie viele andere Wissenschaftlerfrauen fungierte Olga zum einen als Schreibkraft, die die Aufsätze ihres Mannes vor der Drucklegung in Reinschrift brachte. Zum anderen aber hat sie eine aktive Rolle im Labor gespielt, war an der Durchführung der Zeitmessungen nicht nur beteiligt, sondern führte diese auch eigenständig aus.

Man muss sich das Paar bei der Arbeit an der Forschungsmaschine im Königsberger Universitätsgebäude vorstellen. Bei Innentemperaturen zwischen 11 und 15 °C steht Helmholtz am Fernrohr, um die Ablenkungen der Galvanometernadel zu beobachten, während seine Ehefrau am Froschgestell mithilfe eines Mikroskops die »Erhebungshöhen« des Muskelpräparats bestimmt. Sie war es übrigens auch, die darüber ein Notizbuch führte, das ebenfalls im Archiv erhalten ist.

Der Funktionsweise des Versuchsaufbaus entsprechend handelt es sich dabei um eine in säuberliche Kästchen umgeleitete Zahlenlawine, die nur manchmal durch Kommentare unterbrochen wird: »*Ajusté*«, »Der Muskel war schlecht oben befestigt, riss zuletzt ab« oder »Nachmittags mit dem zweiten Schenkel fortgefahren«. Helmholtz schrieb ebenfalls in dieses Notizbuch, einzelne Bemerkungen, oder er markierte mit Bleistift einzelne Zahlenwerte. Neben den Kurven ist dieses Notizbuch sicherlich die eindrucksvollste Quelle zu den Zeitexperimenten von Helmholtz.

»Exit the frog, enter the human!« *So lautet das Gesetz der Translation. Im Dezember 1850 entschied sich Helmholtz in seinen Versuchsanordnungen auch für den Menschen und schlug da-*

mit – von Benjamin Libet über Singer, Roth et al. bis hin zu den fMRT-Berechnungen von John-Dylan Haynes – eines der bis heute spannendsten Kapitel der Hirnforschung auf: das des freien Willens. Musculus, Nervus, Cerebrum, klären Sie uns auf: Worin besteht der Nervus rerum von Reiz, Reaktion und Ankommen?

Die physiologischen Zeitmessungen von Helmholtz können in der Tat als einer der Anfänge der modernen Neurowissenschaften verstanden werden. Manche Autoren, so der Franzose Charles Marx, gehen sogar so weit, in ihnen das erste wissenschaftliche Datum der Neurophysiologie seit Aristoteles zu sehen.

Für mich stehen eher die praktischen, materiellen Gesichtspunkte im Vordergrund. Demzufolge definiert Helmholtz durch seine Versuchsanordnung ein Schema oder Diagramm des Experimentierens, das bis heute wirksam ist. Es basiert auf der Variation von Reizen und der Subtraktion von Zeitsummen, um auf diesem Wege das Verhältnis von Gehirn und Bewusstsein, Körper und Denken, von Unbewusstem und Absichtsvollem zu bestimmen. Das Ergebnis der Forschungsarbeit von Helmholtz ist also nicht einfach nur ein neuer wissenschaftlicher Sachverhalt (die präzise Geschwindigkeit der Fortpflanzung von Reizungen im

Nerv), sondern die Einsicht in eine wissenschaftliche und technische Machbarkeit. Insofern zeigen die Versuchsaufbauten von Helmholtz eine Lösung von Problemen an, die konkret erst noch zu stellen waren – und es immer noch sind.

Was die aktuellen Debatten um die Frage der Willensfreiheit angeht, so erscheint Helmholtz im Vergleich als echter Klassiker der Moderne. Angesichts der besonderen Zeitverhältnisse, die das Verhalten und Erleben des Menschen bestimmen, fühlte er sich keineswegs gedrängt, die Freiheit des menschlichen Willens infrage zu stellen. Über die physiologisch begründete Verspätung des Menschen gegenüber sich selbst war er sich im Klaren. Er nahm sie aber nicht zum Anlass, eine Reform des Strafrechts zu fordern. Stattdessen eröffnete Helmholtz einen experimentell fundierten Blick auf die Gespaltenheit des modernen Subjekts. Für ihn stand fest, dass der Mensch zu spät kommen muss, um überhaupt pünktlich sein zu können, dass er gezwungen ist, hinter sich herzuhinken, um voranzuschreiten. »Was wir thun, wissen wir nicht unmittelbar«, sagt er an einer Stelle (S. 163). Ein Drama war das für ihn nicht.

Wir sind mit Ihnen nach Königsberg und – pointiert – durch halb Europa gereist. Höchste Zeit für einen Abstecher an den Boulevard Haussmann 102, um Ihre brillante »Parallelaktion« zu Marcel Proust und Hermann von Helmholtz nachzuvollziehen. Was koinzidiert hier beim Autor der Recherche *und den Beweisführungen des Physiologen? Warum, denken wir an Prousts Vater, der ja Mediziner war, könnte die Helmholtz'sche* »temps perdu« *oder »Zwischenzeit« die Vorlage für den berühmten Romantitel gewesen sein?*

Ursprünglich wollte Proust sein großes Romanwerk »*Les intermittences du cœur*« nennen, also etwa »Die Unterbrechungen« oder »Die (kurzzeitigen) Störungen der Herztätigkeit«. Bereits bei diesem Titel handelte es sich um eine Formulierung, die unter Physiologen in Frankreich gängig war. So veröffentlichte der Marey-Schüler Charles François-Franck 1877 eine Studie zu den »Intermittences du pouls, et sur les troubles cardiaques qui les déterminent«, in der auch von den Intermittenzen des Herzens die Rede war (S. 27).

In noch stärkerem Maße gilt die Verbindung zur Marey'schen Physiologie aber für die »verlorene Zeit«. In der »Deuxième Note« von Helmholtz, die wahrscheinlich von du Bois-Reymond ins Französische übersetzt worden ist, wird die kurze Pause, die zwischen der Reizung und dem Einsetzen der Kontraktionsbewegung liegt, tatsächlich als *temps perdu* bezeichnet. Im französischen Kontext macht dieser Ausdruck, der in den deutschsprachigen Texten von Helmholtz über kein Pendant verfügt (dort ist zunächst von »Zwischenzeit«, später vom »Zeitraum der latenten Reizung« die Rede), rasch Karriere, vor allem durch die zusehends populärer werdenden Schriften von Marey.

Es stimmt, dass der Vater von Marcel Proust, Achille-Adrien Proust, Arzt und Epidemiologe war und zeitweilig sogar mit Marey kooperierte. Insofern ist es kaum überraschend, dass sich an den literarischen Werken und Übersetzungen seines Sohnes eine Vertrautheit mit Labortechniken wie der Sphygmografie und der Chronofotografie ablesen lässt.

Betrachtet man die Anfangsszene der *Recherche* noch einmal mit diesen physiologischen Bezügen im Hinterkopf, verdeutlicht sich schnell, dass die Fragwürdigkeit der Verbindung von räumlich getrennten Ereignissen durch die Zeit, die ein zentrales Motiv des Romans sind, sich eher in Sekunden, Momenten und Augenblicken bemisst als in Tagen, Wochen, Jahren oder gar Jahrzehnten. Proust schreibt keinen Roman der Erinnerung, des Gedächtnisses, sondern einen Roman der Ungleichzeitigkeiten, die sich zuerst am und im eigenen Körper zeigen …

Last but not least, nichts haben Sie uns besser vor Augen geführt, als dass Wissenschaft – frei nach Lawrence Sternes Kurvenzeichnungen – nicht nach Schulmeisters Art von A nach B verläuft. Wohin bewegen Sie sich, was sind Ihre Zukunftspläne, auf die wir uns schon heute freuen, im Sinne Tristram Shandys *als gezeichnete Aberrationen, Tonnenbögen und Voluten?*

Ich bin dabei, das nächste Buch zu schreiben. Ausgehend von den Helmholtz-Kurven stellt es die Forschungsmaschinen dar, die nach 1850 zur Untersuchung des problematischen Verhältnisses von Hirn und Zeit entwickelt und verbreitet wurden – von Franciscus Cornelis Donders über Wilhelm Wundt bis hin zu John Stroud, Norbert Wiener und Benjamin Libet.[54]

Was danach kommt steht noch in den Sternen – vielleicht aber auch bei Sterne, im *Tristram Shandy*. Gibt es da nicht einen Onkel Toby, dessen Hobby es ist, im eigenen Garten militärische Festungsanlagen nachzubauen? *On verra …*

4. Experimentieren in Berlin

»Die Experimentiertätigkeit führt ein Eigenleben.« Dieser Satz hat Furore gemacht, in der Wissenschaftsphilosophie und Wissenschaftsgeschichte der letzten zwanzig Jahre, aber auch in Literatur- und Medienwissenschaft. Formuliert hat ihn der kanadische Philosoph Ian Hacking im Rahmen seiner *Einführung in die Philosophie der Naturwissenschaften.* Das war 1983. Hacking wandte sich damit gegen die Theoriezentriertheit der klassischen Wissenschaftsphilosophie. Tatsächlich hatten seine Vorgänger – Karl Popper, Alexandre Koyré oder etwa Thomas Kuhn – zumeist die ideellen, theoretischen Voraussetzungen von Forschung thematisiert. Von der Materialität der wissenschaftlichen Praxis, dem Hantieren mit Instrumenten und Geräten oder dem Registrieren von Buchstaben und Ziffern im Labor war nur im Ausnahmefall die Rede gewesen.[55]

Mit seinem einprägsamen Satz wies Hacking aber nicht nur auf ein Versäumnis hin. Zugleich brachte er die Ausrichtung der neueren Wissenschaftsforschung auf eine griffige Formel. Anfang der 1980er-Jahre hatte eine junge Generation von Anthropologen im Innersten der modernen Gesellschaft ein bemerkenswert unerschlossenes Gebiet entdeckt. Die Anthropologen nannten es »*Laboratory Life*« und holten ihre Papiere und Stifte, Tonbänder und Fotoapparate hervor, um Fragebögen zu entwerfen, Interviews durchzuführen und das Gelände zu kartieren. Wenig später begannen auch Historiker, das Leben des Labors zu erkunden: durch die Entzifferung längst verloren geglaubter Labortagebücher, die Rekonstruktion von alten Versuchsanordnungen und das akribische Studium von historischen Texten und Bildern zum Experiment.

Das Ergebnis war die Entdeckung einer Kulturtechnik, die ganz neuartige Zusammenhänge eröffnete. Durch die Brille des Experimentierens betrachtet, rückten die Hochenergiephysiker des 20. Jahrhunderts auf einmal neben die Alchemisten und Apotheker des 17. Jahrhunderts, und die Biologen im Berlin der Gründerzeit tauchten plötzlich neben den Athleten der griechischen Antike auf. Tatsächlich war das Turnen in der Berliner Kultur der 1850er-Jahre eine Art Schlüsselqualifikation für die Laborarbeiter, die die Physiologie von Muskeln und

Nerven buchstäblich am eigenen Leibe zu erforschen begannen.[56]

Damit nicht genug. Die Geschichte des Experimentierens zeigte auch, dass diese Kulturtechnik in den Laboratorien der Wissenschaftler ebenso beheimatet war wie in den Arbeitszimmern von Schriftstellern und den Ateliers von Künstlern. Nicht nur die großen Wissenschaftsfiguren des 19. Jahrhunderts, nicht nur Claude Bernard, Michael Faraday und Heinrich Hertz haben experimentiert. Dasselbe gilt für die Künstler der Avantgarde, zum Beispiel Marcel Duchamp oder Max Ernst. Manchmal treffen das wissenschaftliche und künstlerische Experimentieren sogar in Personalunion aufeinander, so bei der James- und Münsterberg-Schülerin Gertrude Stein, die sich experimentalpsychologisch mit dem Problem motorischer Automatismen beschäftigte, oder bei Robert Musil, der, bevor er mit der Arbeit an seinem Jahrhundertroman *Der Mann ohne Eigenschaften* begann, im Berliner Labor von Carl Stumpf an der Entwicklung neuer Instrumente für sinnesphysiologische Experimente bastelte.

Angesichts dieses Eigenlebens der Experimentiertätigkeit überrascht es kaum, dass Hacking fast kein Gehör fand, als er sein berühmtes Statement revidierte. Angesichts einer

Fülle von neuen Studien zur Geschichte des »*Laboratory Life*« wollte Hacking zehn Jahre nach Erscheinen seines Buches nicht länger allgemein von Experimentiertätigkeit reden, sondern konkret von Experimenten, also Versuchsanordnungen, Forschungsmaschinen und Laborinstallationen. In einem neuen Text stellte er deswegen heraus, »dass Experimente ein Eigenleben haben«.[57]

Es scheint sich nur um eine Akzentverlagerung zu handeln: von *experimentation* zu *experiment*, also von der Tätigkeit zum Gegenstand oder vom Handeln zu den Dingen, was hier allerdings auch bedeutet, vom Menschen zur Maschine überzugehen und – von der Kulturtechnik zur materiellen Kultur. Hacking pointierte die Bedeutung dieser Verschiebung noch, indem er an anderer Stelle erklärte, dass Laborversuche sich dadurch auszeichneten, eine Art Körper zu haben. Anders als Gedankenexperimente bestünden sie nicht einfach aus Ideen, sondern aus *things* und *marks*, etwa Instrumenten und Modellorganismen einerseits, materiell basierten Zeichen andererseits. Die materielle Kultur des Experiments war demzufolge immer auch eine semiotische und vice versa.[58]

Das war der eine Punkt, um den es Hacking bei seiner Revision ging. Der andere, vielleicht noch wichtigere, betraf die eigentümliche Seinsweise, den Existenzmodus des Experiments. Hacking zufolge konnten sich die Materialität und Semiotizität einer Versuchsanordnung im Laufe eines Forschungsprozesses zwar durchaus verändern. Ungeachtet dessen bleibe das Experiment aber einer langfristigen Entwicklung unterworfen, was unter anderem in der Rede von seiner Replizierung zum Ausdruck komme. In der Tat erscheinen die Entitäten oder Wesen, die wir Experimente nennen, genau dadurch charakterisiert, dass sie nicht einmalig sind. Experimente finden nie nur einmal statt, sonst wären sie keine. Erst durch das zweite Mal, erst durch die Wiederholung werden sie zu dem, was sie sind.

Um diesen genuin reproduktiven Charakter des Experiments zur Geltung zu bringen, fächerte Hacking seine biologische Metaphorik auf. Zuerst hatte er nur gesagt: Experimente haben ein Eigenleben. Nun ergänzte er: »Ich stelle mir Experimente als lebendig vor: sie reifen, entwickeln sich, passen sich an, werden nicht nur wiederverwertet, sondern ganz buchstäblich auch neu bestückt (*retooled*).«[59] Das Experiment erscheint damit in neuem Licht: als eine bemerkenswerte Mischung aus biologischen, technologischen und semiologischen Komponenten, aus Organen, Werkzeugen und Zeichenträgern, die im Prinzip gleichberechtigt und daher austauschbar, dem Retooling zugänglich sind – eine Art räumlich verteilter Cyborg, der neues Wissen generiert.

Hacking nähert sich hier tatsächlich dem posthumanistischen Diskurs einer Donna Haraway an, und genau darin mag einer der Gründe dafür liegen, dass die revidierte Fassung seines Slogans in der etablierten Wissenschaftsforschung ungleich schwächeren Widerhall gefunden hat als die erste. Ein weiterer Grund besteht darin, dass Hacking durch die Neuakzentuierung seines Satzes eine Aufgabe gestellt hat, der die Soziologen, Philosophen und Historiker der Wissenschaft bis heute kaum gewachsen sind. Denn wie wäre das Eigenleben eines Experiments in seiner halb technologischen, halb biologischen Beschaffenheit, in seiner ebenso heterogenen wie dynamischen Ding- und Zeichenhaftigkeit zu schildern? So wie die Anthropologie die »kulturelle Biografie von Objekten« rekonstruiert, beispielsweise von Halsketten oder Coca-Cola-Flaschen? Oder etwa so, wie seit dem *nouveau roman* und bis hin zu Nicholson Baker die Geschichte von Radiergummis, Schnürsenkeln und anderen Alltagsdingen erzählt wird? Und einmal abgesehen davon, dass Experimente weitaus komplexere Entitäten als Coca-Cola-Flaschen und Radiergummis sind, wie sollten solche Objekt- oder Dinggeschichten dem Sachverhalt gerecht werden, dass sich Versuchsanordnungen nicht nur in bestimmte kulturelle Umgebungen einfügen, sondern ihre spezifischen Umwelten auch erschaffen, ähnlich wie dies laut Jakob von Uexküll bei organischen Individuen der Fall ist?

Historisch betrachtet finden Experimente zwar nicht nur in Laboratorien, sondern auch in durchaus alltäglichen Räumen statt, in Wohnungen etwa oder in Hotelzimmern. So führte der Berliner Elektrophysiologe Emil du Bois-Reymond in den frühen 1840er-Jahren seine ersten Versuche an Froschmuskeln in der Wohnung seiner Eltern in der Potsdamer Straße durch. Ist aber ein Anfang gemacht, erfordern die Experimente doch bald besondere *Immobilien*, ganze Laboratoriumsgebäude oder zumindest Abteilungen eines Instituts – auch wenn der Einzug in solche Räumlichkeiten mitunter auf sich warten lässt. Bei du Bois-Reymond dauerte es mehr als dreißig Jahre, um den Institutsneubau an der Ecke von Wilhelm- und Dorotheenstraße beziehen zu können.

Darüber hinaus sind Experimente an spezielle *Mobilien* gebunden: an Schränke, aus denen Instrumente und Substanzen entnommen werden, an Regale, auf denen Nachschlage- und Notizbücher stehen, an Käfige oder Becken, in denen Versuchstiere gehalten werden, besonders aber an Tische, auf denen alle Komponenten des Experiments versammelt werden können. Seit mehr als hundert Jahren werden solche Tische in Katalogen für Laborausstattung in einer Vielzahl von Ausführungen angeboten, als fest montierte oder fahrbare Tische, als Experimentiertische aus Eichen- oder Teakholz, als eisenfreie Tische, als Tische mit Wannen, mit Schubladen, mit Gas- und Wasserhähnen …

Doch selbst wenn diese beweglichen und unbeweglichen Umweltelemente in den Objekt- oder Dinggeschichten zur Geltung gebracht würden, bliebe die interessante Schwierigkeit, dass Experimente sehr viel stärker als andere Wesen *Grenzgänger* sind, dass sie fortwährend scheinbar selbstverständliche Linien überschreiten, dass sie das Unsichtbare kenntlich, das Ungehörte vernehmbar und das scheinbar Identische different machen.

Hacking hätte sich, um diesen Punkt hervorzuheben, einmal mehr auf Gaston Bachelard berufen können, einen der wenigen Wissenschaftsphilosophen mit Sinn für das Materielle. Denn Bachelard ist nicht allein der Erfinder einer neuen Art von Wissenschaftsgeschichte, auf die Hacking und andere Wissenschaftsforscher sich unter dem Stichwort »Historische Epistemologie« berufen, unter anderem um die Rolle der »Phänomenotechnik« im Forschungsprozess hervorzuheben. In den 1930er-Jahren sprach Bachelard auch bereits von den Transgressionen, den Überschreitungen und Grenzverletzungen des Experiments, beispielsweise im Hinblick auf unser alltägliches Wissen: »Das Experimentieren verlässt stets den Bereich der ersten Beobachtung, und zwar in einem solchen Maße, dass man sagen möchte, das Experimentieren strebte eher danach, diese Beobachtung zu widerlegen als sie zu bestätigen.« Bachelard zufolge gibt es eine *transcendance expérimentale*, ein experimentelles Transzendieren jedes Alltagsverstands. Neben den künstlerischen »Surrealismus« tritt damit ein wissenschaftlicher »Surrationalismus«.[60]

Auf den Historiker und den Anthropologen, aber auch den Philosophen, der solche Bewegungen im Detail nachzuzeichnen versucht, wartet somit die nicht zu unterschätzende Aufgabe, die Grenzüberschreitungen des Experimentierens an der Materialität und Semiotizität von Versuchsanordnungen buchstäblich »dingfest« zu machen. Die zentrale Herausforderung bleibt dabei, Wörter für Dinge, also eine Sprache für das Gemachte und Gebaute zu finden – egal ob es sich dabei um die komplexe Installation unterschiedlichster Geräte auf einem Tisch handelt, wie bei Otto Hahn in den 1930er-Jahren, oder um die selektive Montage innerhalb eines

Organismus, wie bei der Knockout-Maus unserer Tage. Wie lassen sich die experimentellen Dinge, die im Inneren von Institutsbauten und sogar in Körperzellen verborgen sind, sprachlich ans Licht bringen? Langfristig werden wir, um dieses Problem der Darstellbarkeit zu lösen, das geliebte Archiv verlassen müssen, um uns in die Laboratorien und Museen zu begeben, in die genaue Gesellschaft der stummen und dennoch vielsagenden Dinge.

Zunächst aber wäre mit dem Offensichtlichen zu beginnen. Experimente, und das gilt für die physiologischen *table top*-Versuche des 19. Jahrhunderts ebenso wie für die unterirdischen Versuchsanlagen der aktuellen Teilchenphysik, setzen einen Rahmen. Ähnlich wie ein Fotoapparat definieren sie einen bestimmten Ausschnitt von Realität. Durch das Zusammenfügen und Gegeneinanderstellen von Instrumenten, Organismen und Aufzeichnungsgeräten erlauben sie das Einfangen, Darstellen und Messen von sonst kaum greifbaren Phänomenen und Prozessen: das Zucken einzelner Muskeln (du Bois-Reymond), die Wirkungsweise von Krankheitserregern (Koch), das Zerplatzen von Atomkernen (Hahn).

Die so entstehenden Rahmenräume möchte man als Fraktale beschreiben, denn sie reproduzieren innerhalb des Labors ebenjene Mischung aus architektonischer Abschirmung einerseits und technisch-medialer Verbindung andererseits, mit der sich wissenschaftliche Unternehmungen von ihrer zumeist städtischen Außenumgebung absondern, um auf anderen Wegen wieder zu ihr Kontakt aufzunehmen: über Briefe, Zeitschriften und Zeitungen, aber eben auch durch Leitungen und Röhren, durch Ströme, Wellen und Strahlen. Genau deswegen erscheint das, was auf einem Experimentiertisch versammelt ist, als Raum im Raum, als eine Stadt in der Stadt, als urbaner Mikrokosmos, in dem Lebewesen und Dinge sich auf Häuser und Plätze verteilen, die untereinander mit Leitungen, Straßen und Kanälen verbunden oder durch Zäune, Mauern und Wälle voneinander abgetrennt sind.

Ähnlich wie das sich industrialisierende Berlin prägen diese überschaubaren Räume des *capturing* eine eigene Temporalität aus, eine spezifische »Laborzeit«. Zunächst handelt es sich dabei um eine künstlich hergestellte Gegenwart, die durch die gleichzeitige Anwesenheit oder Verfügbarkeit sowie die Funktionstüchtigkeit aller Komponenten eines Versuchsaufbaus gekennzeichnet ist. Im Fall der physiologischen Experimente von du Bois-Reymond waren dies etwa das Muskelpräparat, die galvanischen Elemente, Quecksilberkontakte, Messinstrumente wie der Galvanometer sowie rotierende und stillstehende Aufzeichnungsflächen, ein berußter Zylinder einerseits, ein Labortagebuch andererseits.

In der Forschungspraxis ist diese Gegenwart eines Experiments jedoch weit davon entfernt, eine momentane zu sein. Tatsächlich ist diese Gegenwart, auch wenn sie mit Museumsmitteln rekonstruiert worden ist, eine stets unvollendete, über sich hinausweisende – eine »transgressive«, um mit Bachelard zu sprechen. Ein Experiment ist kein stillstehendes oder stillgestelltes Bild – und in diesem Sinne eben genau keine Fotografie, kein Schnappschuss. Vielmehr handelt es sich um eine Folge von sich verändernden Bildern, eine Mise en Scène von Bewegungsbildern, wenn man so will, eine Art von Kinematografie.

Diese Rückbindung der Momentaufnahmen an die laufende Zeit der Forschung ist beim Betrachten der Experimentexponate in jedem Fall in Rechnung zu stellen. Die Exponate bilden nicht den Prozess des Experimentierens ab. Sie greifen sozusagen nur eine Einstellung aus dem damals laufenden Experimentalfilm heraus, zeigen ein Standbild aus diesem Streifen. Die Eigenzeit des Experiments muss vom Betrachter ergänzt werden: als ein extrem spezifischer, lokal begrenzter, zugleich aber ergebnis- und letztlich sogar gegenstandsoffener Vorgang des

Wiederholens und Differenzierens, als ein Vor und Zurück mit unkalkulierbaren Umwegen, aber auch aberwitzigen Abkürzungen, das gewiss nicht immer zu dem Ziel führt, das anfangs einmal ins Auge gefasst worden war.

Hermann von Helmholtz, der das Kunststück fertiggebracht hat, die Berliner Physiologie ebenso nachhaltig zu prägen wie die Berliner Physik, hat diese autonome Temporalität durch den Vergleich des Laborwissenschaftlers mit einem Bergsteiger zu fassen versucht, »der ohne den Weg zu kennen, langsam und mühselig hinaufklimmt, oft umkehren muss, weil er nicht weiter kann, bald durch Überlegung, bald durch Zufall neue Wegspuren entdeckt, die ihn wieder ein Stück vorwärts leiten, und endlich, wenn er sein Ziel erreicht, zu seiner Beschämung einen königlichen Weg findet, auf dem er hätte herauffahren können, wenn er gescheit genug gewesen wäre den richtigen Anfang zu finden«.[61]

Von Fraktalen ist demnach nicht nur mit Blick auf den Raum, sondern auch auf die Zeit zu sprechen. In der Tat korrespondieren die temporalen Relationen, die in der urban geprägten Außenwelt des Labors dominieren, in verkleinerter Form mit denen, die sich innerhalb des Experiments manifestieren. Denn zum einen werden Großstädte wie Berlin seit Mitte des 19. Jahrhunderts zu Orten einer zunehmend vernetzten Synchronisation, die von Uhren, Zeitungen und anderen Medien getragen wird. Zum anderen wandeln sich dieselben Städte zu dicht bevölkerten Landschaften, in denen man sich dennoch, und fast wie ein Bergsteiger, verirren kann, um durch nichts anderes als Schübe, Schocks und andere Unfälle wieder an Orientierung zu gewinnen.

Über Fraktale wäre noch in einem weiteren Sinn zu reden. Neben dem Raum und der Zeit fraktalisiert sich nämlich auch der eigene Gegenstand, sozusagen der Inhalt des Experiments. Als ob schon im 19. Jahrhundert vorsorglich Widerspruch gegen Hackings Akzentverlagerung von der Tätigkeit zur Dinglichkeit eingelegt worden wäre, führt das Experiment in dieser Epoche wieder aufs Experimentieren zurück. Das wird besonders in den Lebenswissenschaften deutlich, die im Berliner Kontext durch Helmholtz und du Bois-Reymond so enormen Auftrieb erhielten. Tatsächlich erschien es den Biologen dieses Zeitalters, je mehr sie sich dem Experiment zuwandten, umso plausibler, das Leben selbst als ein Experimentieren zu betrachten, als ein Probieren und Improvisieren, als Prozess von *trial and error.*

Für Helmholtz bestand in der Tat kein Zweifel daran, dass das Leben eng mit dem Experimentieren verbunden war. Ihm zufolge war das Durchführen von Experimenten nicht nur der hauptsächliche Erkenntnisweg jeder Wissenschaft, sondern zugleich tief ins Erleben des modernen Subjekts eingeschrieben: »Dieselbe grosse Bedeutung [...], welche das Experiment für die Sicherheit unserer wissenschaftlichen Ueberzeugungen hat, hat es auch für die unbewussten Inductionen unserer sinnlichen Wahrnehmungen. Erst indem wir unsere Sinnesorgane nach eigenem Willen in verschiedene Beziehungen zu den Objecten bringen, lernen wir sicher urtheilen über die Ursachen unserer Sinnesempfindungen, und solches Experimentieren geschieht von frühester Jugend an ohne Unterbrechung das ganze Leben hindurch.«[62]

Man scheint es mit einem Zirkel zu tun zu haben. Das Experimentieren führt über das Experiment aufs Experimentieren zurück. In Wahrheit handelt es sich um eine Spirale, eine Helix. Eine *Kulturtechnik* überschreitet hier ihre eigene Grenze, um zur *Naturtechnik* zu werden. Der fraktale Rahmenraum des Experiments etabliert eine Offenheit, die sich von uns nicht endgültig schließen lässt.

Umgekehrt kann deswegen auch die Betrachtung der Dinge in einer Ausstellung den Charakter eines Experiments annehmen. Man muss nur seine »Sinnesorgane nach eigenem Willen in verschiedene Beziehungen zu den Objecten« bringen.

5. *Architectura animata*

Beine und Säulen, Rümpfe und Wände, Schädel und Dächer. Muskeln, Knochen und Adern einerseits, Zylinder, Quader und Würfel andererseits. Hier die Scharnierstellen des menschlichen Körpers, dort die Elementarteile künstlicher Bauten.

Die Zeichenstudien Anton Hallmanns fordern dazu auf, die Anatomie in der Architektur und die Architektur in der Anatomie zu sehen. Sie eröffnen ein schattiges Terrain, in dem das Körperliche ins Bauliche, das Organische ins Tektonische, das Natürliche ins Künstliche übergeht – und umgekehrt (Abb. 5.1 und 5.2).

Ein preußischer Wiedergänger Arcimboldos ist Hallmann allerdings nicht. Er ist weit davon entfernt, das Antlitz des Menschen aus natürlichen und künstlichen Dingen heraus- oder in bebaute Landschaften hineinzulesen. Der Freund du Bois-Reymonds malt keine synthetischen Porträts. Er *zeichnet*, d. h. er konzipiert und gestaltet.

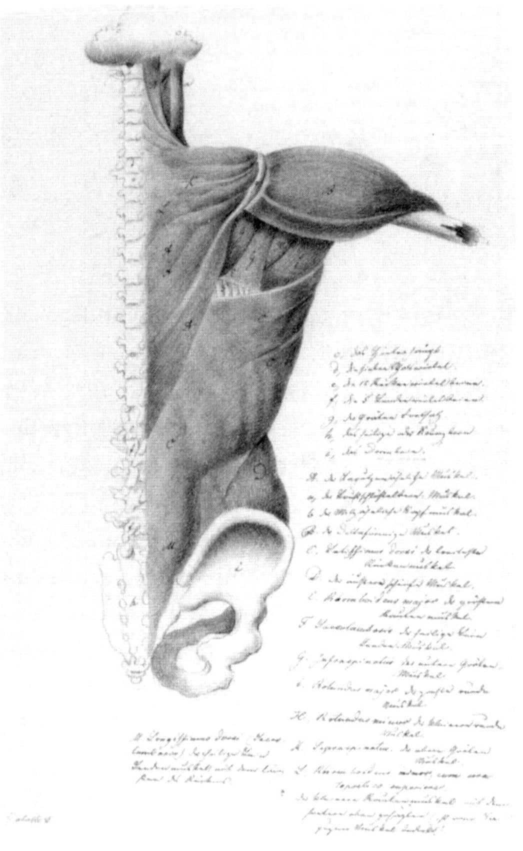

Abbildung 5.1: Anton Hallmann, *Rumpfmuskeln*, 1850.

Hallmanns Studien erschließen, was noch jedem Gesichtseffekt, selbst wenn er aus einem Mosaik der Dinge resultiert, zugrunde liegt oder vorausgeht: zum einen Knochen-, Gefäß-

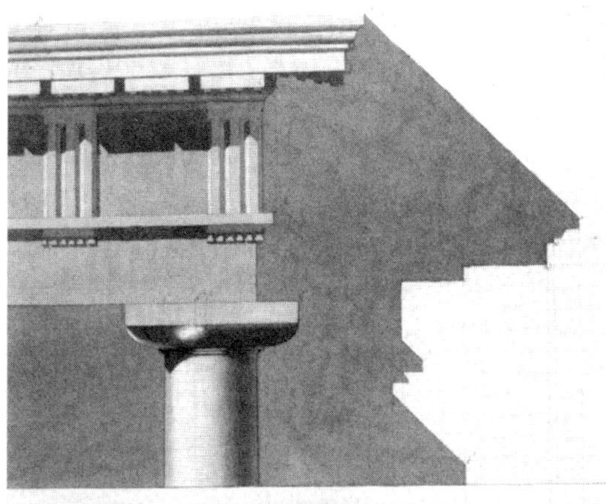

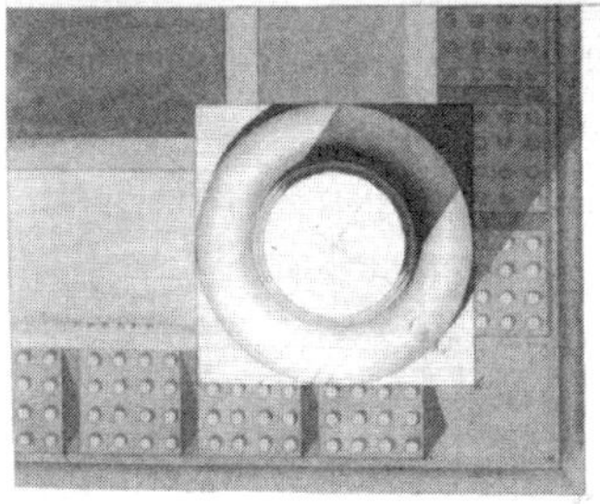

Abbildung 5.2: Anton Hallmann, *Schattenwurf eines altdorischen Hauptgesimses*, 1830.

und Organsysteme, eine ganze *fabrica* unter der Haut; zum anderen menschenleere Räumlichkeiten, scheinbar wahllose Verteilungen einfachster Bauelemente.

Kein *Manierist*, sondern ein *Maschinist* ist hier also an der Arbeit. Jemand, der das Diesseits und das Jenseits der Menschengestalt erschließt und entwirft, um zu neuartigen Verbindungen zwischen inneren und äußeren Organen vorzustoßen. Daher auch die Spannung dieser Studien: Der heutige Betrachter meint, dass jeden Augenblick eine Lokomotive von de Chirico durch den Bildhintergrund fahren könnte. Stattdessen wartet auf ihn eine Leiter, und die scheint so kurz zu sein, dass zwar an ein Hinaufsteigen, nicht aber ans Wegwerfen zu denken ist. Kein Ausweg, sondern nur Felder des Disparaten, gesichtslos.

Im alten Streit um die richtige Leseweise der Vitruv'schen Architekturbücher beziehen die erhaltenen Blätter deutliche Position. So wie Barbaro geht Hallmann davon aus, dass Vitruv, wo er von Perspektive spricht, nicht *scenographia*, sondern *sciographia* meinte. Schattenmalerei ist das Ziel, das hier verfolgt wird, und vermutlich die Aufgabe, die befolgt wurde – wahrscheinlich nicht nur, um Fingerübungen in projektiver Geometrie zu komplizieren, sondern auch um die architektonischen Elementarteile nicht vom Leben abzutrennen.

Freilich, nur ausnahmsweise ist es die Sonne, die die verstreuten Säulen, Pyramiden und Kugeln erhellt. In der Regel ist es Kerzenlicht, mit dem die Verteilungen der Baukörper gleichsam von innen her beleuchtet werden. In den Schatten kann man jene Wesen erahnen, die die späteren Bauten bevölkern sollten. Sie warten nur darauf, aus dem Dunkel ins Freie und Helle zu treten.

Der erste Blick trügt also auch hier. Mitten in der Nacht, auf dem menschenleeren Platz einer großen Stadt, hat man die zentral postierte Heldensäule in Brand gesetzt, und zwar an ihrem oberen Ende. Der Held ist zur Fackel geworden. Aber noch hat es keiner bemerkt. Noch schlafen alle.

Dann verkehren sich die Maßstäbe. Der große Platz wird zum Tisch, das Äußere ins Innere gewendet, helle Wachheit macht sich breit. In einem Zimmer probiert der konzentrierte Zeichner unterschiedlichste Anordnungen von Körpern und Lichtern aus. Hallmanns Studien lassen auch das erkennen: den Experimentiertisch des Architekten (Abb. 5.3).

Die Gesichtslosigkeit, die diese Bilder greifbar machen, ist aber nur scheinbar dunkel und ausweglos. Tatsächlich erhellt sie die Rechte des Prozesses vor dem Produkt, des Werdens vor der Zeit, der Differenz vor der Wiederholung.

Nur ein Bruchteil der Zeichnungen, die Hallmann während seines Studiums und auf seinen Reisen angefertigt hat, ist erhalten. Die in dieser Ausstellung gezeigten werden damit zu Momentaufnahmen aus der laufenden Arbeit in

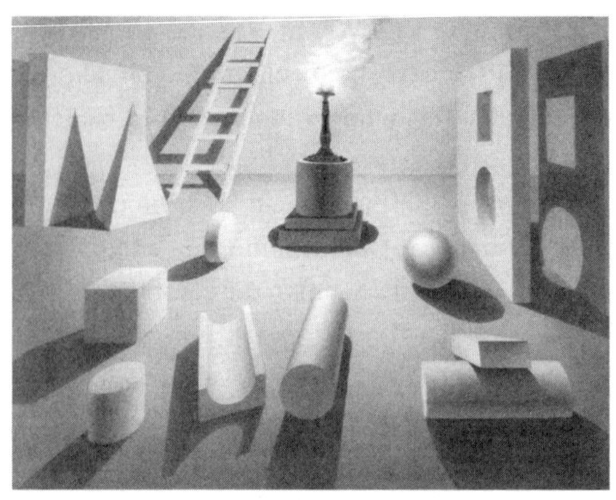

Abbildung 5.3: Anton Hallmann, *Schattenwürfe geometrischer Körper in einem Raum mit einer Lichtquelle*, 1830.

einem Atelier, einer Werkstatt.[63] Als *Studien* stellen sie *Stadien* vor Augen, deren weitere Entwicklung kaum abzuschätzen ist. Tatsächlich lässt sich bloß spekulieren, zu welchen Bauten sie hätten führen können.

Im Rückblick erscheinen Hallmanns Zeichnungen als Vorstufen zu einer Architektur, die Gebäude *und* Bewohner, künstliche *und* natürliche Körper umfassen sollte, um »Schönheit« in einem übergreifenden Zweck zu kristallisieren – so wie bei dem von Hallmann geplanten, aber niemals realisierten Eisendom für Berlin.

Buchstäblich vor-gezeichnet ist somit der

Weg zu einem architektonischen Objekt, einer »architekturalen Aussage«,[64] die sich von ihrer städtischen Umgebung absetzt, um diese im eigenen Inneren einzuholen, wiederzuerschaffen und neu zu erfinden: im Sinne eines Metabolismus, der gleichermaßen durch Fabrikhallen wie durch Gärten, durch Flüsse wie durch Straßen, durch Telegrafenkabel wie durch Nervenfasern geprägt ist.

Was fehlt, ist der zündende Funke, der die statischen Verteilungen in Bewegung versetzen, der sie maschinisieren würde, um so die anatomische Architektur in eine physiologische übergehen zu lassen.

6. Die Helix zwischen Leben und Erkenntnis*

Endlich liegt dieses Buch in Übersetzung vor! Das Original, *La connaissance de la vie*, erschien 1952 bei Hachette in der von Ferdinand Alquié betreuten Reihe »*Science et pensée*«. 1965 folgte eine erweiterte Neuausgabe bei der Librairie Philosophique J. Vrin, die seither vielfach wiederaufgelegt wurde – zuletzt 2003, neu gesetzt und mit kumulierter Bibliografie.

Es ist kein Werk aus einem Guss, sondern eine Sammlung von Vorträgen und Aufsätzen. Dennoch wurde und wird *La connaissance de la vie* in Frankreich intensiv rezipiert. Die direkten und indirekten Schüler Canguilhems – von Michel Foucault über Gilles Deleuze bis hin zu Alain Badiou – haben sich immer wieder auf dieses Buch bezogen, um die Philosophie als

* Essay-Review zu Georges Canguilhem, *Die Erkenntnis des Lebens*, übers. von Till Bardoux, Maria Muhle and Francesca Raimondi, Berlin 2009. Seitenangaben im Text beziehen sich auf dieses Buch.

lebendige Schaffung und normative Schätzung von Begriffen zu präsentieren, und ganze Generationen von Philosophiestudenten mit Interesse für die (Lebens-)Wissenschaften sind mit der Lektüre des äußerlich schmalen, inhaltlich aber gewichtigen Vrin-Bandes groß geworden.

Außerhalb Frankreichs setzte die Rezeption mit deutlicher Verspätung ein. Bis in die 1980er-Jahre galt Canguilhem im angloamerikanischen ebenso wie im deutschen Sprachraum als Autor eines einzigen Buchs, des Versuchs über *Das Normale und das Pathologische* (frz. 1943, 2. Aufl. 1966, dt. 1974, engl. 1978). Erst in jüngerer Zeit sind die Umrisse eines anderen Canguilhems sichtbar geworden. Die Übersetzung einzelner Aufsätze aus *La connaissance de la vie* hat dabei eine wichtige, wenn nicht entscheidende Rolle gespielt. »Maschine und Organismus«, »Das Lebendige und sein Milieu«, aber auch die Studie über »Das Experimentieren in der Tierbiologie« sind von Wissenschaftshistorikern, Technikphilosophen und Kulturwissenschaftlern entdeckt und international in unterschiedlichste Kontexte gerückt worden: von der Epistemologie des Experiments über die Geschichte des Körpers bis hin zur Theorie der Cyborgs und Philosophie der Architektur.

Dementsprechend hat sich das Bild des Autors gewandelt. Lange Zeit ist Canguilhem nur als Theoretiker und Historiker der Medizin gesehen worden, der über seine Auffassung der Normalisierung vor allem für Foucault maßgeblich gewesen ist. In den letzten Jahren ist Canguilhem dagegen als eigenständiger Philosoph des Lebens und der Technik neu entdeckt worden, der durch seinen »vitalistischen Materialismus« eine wichtige Ressource für fortgeschrittene Theoriebildungen darstellt, beispielsweise im Bereich der objektzentrierten Ontologien und der neuen Ökologien.

In diese gegenwärtige Dynamik der Rezeption fügt sich die von Till Bardoux, Maria Muhle und Francesca Raimondi souverän und kenntnisreich ausgeführte Übersetzung ein, um sie zugleich in willkommener Weise zu verstärken. Zweifellos ist *Die Erkenntnis des Lebens* ein Werk des Übergangs. Es markiert Canguilhems Wandel von einem vordringlich an der Medizin interessierten Philosophen zum Historiker und Epistemologen der Lebenswissenschaften. Die Originalausgabe von 1952 weist den Autor sogar noch in seiner damaligen Funktion als Inspecteur générale de l'instruction publique aus, dem unter anderem die Oberaufsicht über den Philosophieunterricht an den französischen Gymnasien oblag. Erst drei Jahre später sollte Canguilhem die Nachfolge von Gaston Bachelard als Leiter des Institut d'histoire des sciences et des techniques an der Sorbonne antreten und damit den institutionellen Grundstein für seinen nachhaltigen Einfluss auf die französische Nachkriegsphilosophie legen.

Dementsprechend zielen die in diesem Buch enthaltenen Vorträge und Aufsätze in durchaus unterschiedliche Richtungen: auf die Frage der »Methode«, das Problem der »Geschichte« und schließlich die »Philosophie« – um die Überschriften der drei Teile aufzunehmen, in die der Band gegliedert sind. Dennoch lässt sich eine disziplinäre Zuordnung vornehmen. Ein Stichwort aus dem materialreichen Anhang aufgreifend, kann *Die Erkenntnis des Lebens* als Beitrag zur »Allgemeinen Biologie« begriffen werden, jener theoretisch ausgerichteten Betrachtung des Lebens und der Lebenswissenschaften, die sich durch die Arbeiten von Hans Driesch, Kurt Goldstein, Julius Schaxel, Jakob von Uexküll und anderen seit den 1910er-Jahren vor allem im deutschsprachigen Raum profiliert hatte. Ein Blick in die Bibliografie und den dankenswerterweise erstellten Index des vorliegenden Bandes verdeutlicht, wie stark Canguilhem dieser Strömung biologischen Denkens verpflichtet ist.

Trotz oder gerade wegen seines Übergangscharakters ist *Die Erkenntnis des Lebens* das zugänglichste und möglicherweise sogar aufschlussreichste Werk Canguilhems. Es enthält nicht nur Artikel, die innerhalb und außerhalb Frankreichs längst zu Klassikern geworden sind, sondern bezeugt auf jeder Seite das einzigartige Vermögen des Autors, eine philosophische Reflexion über das Leben mit einer Reflexion über die Lebenswissenschaften zu verbinden und sie letztlich darin zu verankern.

Ausgangspunkt ist die scheinbar gegen Bergson gerichtete These, dass die Erkenntnis dem Leben nicht fremd oder gar feindlich gegenübersteht, sondern aus ihm hervorgeht und auch immer wieder zu ihm zurückfindet. So wird Erkenntnis schon in der Einleitung, deren Titel (im Original: »La pensée et le vivant«) als Anspielung auf einen Buchtitel Bergsons (*La pensée et le mouvant*) zu lesen ist, als »allgemeine Methode zur direkten oder indirekten Auflösung der Spannungen zwischen Mensch und Milieu« definiert (S. 16). Bei dieser Konstatierung einer biologischen Funktion von Erkenntnis bleibt Canguilhem aber nicht stehen. Er leitet aus ihr eine pointierte Forderung an die Philosophie und die Lebenswissenschaften ab: »Das Denken des Lebendigen muss die Idee des Lebendigen dem Lebendigen selbst entnehmen« (S. 22).

Das ist nur scheinbar zirkulär gedacht. Was das »Lebendige selbst« ausmacht, erschließt sich für Canguilhem nämlich nicht einfach durch eine Intuition oder Wesensschau – eine »Vision« der Lebensformen als »Ganzheiten« (S. 19) –, sondern ebenso in der und durch die fortlaufende Arbeit der Lebenswissenschaften. Das »Denken des Lebendigen« muss in Rechnung stellen, dass auch die Wissenschaften, in ihrer Aktualität wie in ihrer geschichtlichen Entwicklung, ein Teil des Lebens sind. Tatsächlich haben wir es also mit einer spiralförmigen Bewegung zu tun, die vom Denken zum Lebendigen verläuft, um dort den Wissenschaften des Lebendigen zu begegnen, die ihrerseits auf das Denken zurückverweisen – und damit auf das Leben. Wissenschaft ist, wie Canguilhem sagt, »das Werk einer Menschheit [...], die im Leben wurzelt, bevor sie durch die Erkenntnis erhellt wird« (S. 279).

Diese wendelartige Sichtweise des Verhältnisses von Denken und Leben wird auf den folgenden Seiten immer wieder bekräftigt. So heißt es im Aufsatz über das »Experimentieren in der Tierbiologie« unter Bezugnahme auf Goldstein: »Die biologische Erkenntnis reproduziert auf bewusste Weise das Vorgehen des lebenden Organismus. Das kognitive Vorgehen des Biologen ist Schwierigkeiten ausgesetzt, die denen analog sind, auf die ein Organismus in seinem Lernen (*learning*) trifft, das heißt in den Versuchen, sich an die äußere Welt anzupassen« (S. 41). In »Maschine und Organismus« geht Canguilhem sogar so weit, dem Leben selbst einen experimentellen Status zuzusprechen: »Das Leben ist Erfahrung, das heißt Improvisation und Nutzung von Gegebenheiten; es ist in jedem Sinne ein Versuch« (S. 216) – also auch im wissenschaftlichen Sinn.

Der Titel des Buches erlaubt daher zwei Lesarten. »Die Erkenntnis des Lebens« bezeichnet einerseits jene Erkenntnis, die – sei es im Alltag des Laien, sei es im Labor des Biologen – das Leben zum *Gegenstand* hat. Andererseits zielt der Titel auf die Erkenntnis als eine Eigenschaft, eine Tätigkeit, eine *Methode*, die aus dem Leben hervorgeht und dieses in gewisser Weise sogar erst ermöglicht. Das erkennende Leben führt zur lebendigen Erkenntnis und vice versa.

Trotz einzelner Spitzen gegen den Hauptvertreter der Lebensphilosophie in Frankreich sind diese grundsätzlichen Überlegungen nicht als eine Widerlegung, sondern als Fortführung von Bergsons Reflexionen über das Verhältnis von Intuition und Intellekt zu begreifen. Das wird dort besonders deutlich, wo sich die Untersuchungsgegenstände von Bergson und Canguilhem berühren. In seiner Auseinandersetzung mit der Philosophie des Experimentalphysiologen Claude Bernard war Bergson in

La pensée et le mouvant zu dem Schluss gekommen: »Die Natur ist, was sie ist, und da unsere Intelligenz, die einen Teil der Natur ausmacht, weniger umfassend als sie ist, ist es zweifelhaft, dass irgend eine unserer aktuellen Ideen weit genug ist, um sie zu erfassen. Arbeiten wir also daran, unsere Gedanken zu erweitern, tun wir unserem Verstande Gewalt an, zerbrechen wir, wenn es nötig ist, unsere Denkformen, versuchen wir aber nicht, die Wirklichkeit in das Prokrustesbett unserer Ideen einzuzwängen, da es doch die Aufgabe unserer Ideen ist, sich nach Maßgabe der Wirklichkeit umzuformen und zu erweitern.«[65] Letztlich sagt Canguilhem nichts anderes, wenn er seine Lektüre von Bernards *Einführung in das Studium der experimentellen Medizin* mit dem Fazit beschließt, »dass sich die Erkenntnis des Lebens durch unvorhersehbare Umkehrungen vollziehen muss, in der steten Bemühung, ein Werden zu begreifen, dessen Sinn sich unserem Verstand niemals so klar offenbart wie dann, wenn es ihn aus der Fassung bringt« (S. 70).

Es bleibt nicht bei solchen Pointierungen, die eine negative Philosophie des Lebens heraufzubeschwören scheinen. Den Rekurs auf das Leben hält Canguilhem – ähnlich wie sein akademischer Lehrer, der Soziologe und Simmel-Übersetzer Célestin Bouglé – auch deswegen für angebracht und erforderlich, um von der Entstehung und Entwicklung sozialer Tatsachen (der Wissenschaft, aber auch der Technik, der Sprache usw.) angemessen Rechenschaft ablegen zu können. Insofern ist die Erkenntnis des Lebens in genuiner Weise mit einem Entwicklungs- und Geschichtsdenken verbunden. Schon 1943, in seinem Versuch über *Das Normale und das Pathologische*, hatte Canguilhem die rhetorische Frage gestellt: Wie sollte die für das menschliche Bewusstsein wesentliche Normativität erklärt werden können, »wenn sie nicht irgendwie keimhaft im Leben enthalten wäre«?[66] Analog dazu fragt er im Aufsatz über die Geschichte der Zelltheorie: Wie wäre es zu begreifen, dass »eine dumme Menschheit eines schönen Tages intelligent geworden ist«, wenn man »antike Intuitionen«, d. h. archaische Bilder und Themen, in ihrer Bedeutung für das Entstehen der Wissenschaft radikal entwerten würde (S. 144)?

Der Kristallisationskern dieses Entwicklungsdenkens ist das Problem des Wertens, des Urteilens, der Setzung von Normen. Auch dies wurde bereits 1943 artikuliert, als Canguilhem mit Blick auf die vitalen Grundlagen der Normativität die Feststellung traf: »Leben bedeutet schon für die Amöbe: auswählen und verwerfen.«[67] Mit dieser Beobachtung wird ein wesentliches Element jeder Erkenntnistätigkeit – das Urteilen – auf eine Polarität zurückbezogen, die in den elementaren Ausprägungen organischer Individualität verankert ist: den Unterschied zwischen Innen und Außen, Einverleiben und Ausstoßen, Bejahung und Verneinung.

Bei Canguilhem ist das nicht nur ein philosophisches Statement, das an vergleichbare Äußerungen bei Nietzsche oder Freud erinnert. Vielmehr handelt es sich um eine wissenschaftlich informierte Aussage, die sich an der zeitgenössischen Biologie orientiert. Es ist die Protozoenforschung des Physiologen Herbert Spencer Jennings, die Pate steht, wenn Canguilhem in dieser Zeit das polarisierende Werten als eine lebendige Funktion des Organismus fasst. Ähnlich gelagerte Rückgriffe auf Jennings finden sich seit den 1930er-Jahren übrigens auch bei Karl Popper, der damit seine Sichtweise von Wissenschaft als problemlösendem Verhalten begründet.

Die Spuren dieser Anleihen bei der Protozoenforschung sind in *Die Erkenntnis des Lebens* nicht nur dort deutlich sichtbar, wo Jennings ausdrücklich zitiert wird (S. 258 f.). Die für organische Individuen charakteristische Polarität schlägt sich auch auf einer abstrakteren Ebene nieder. So zielen die explizit als philosophisch gekennzeichneten Studien »Das

Normale und das Pathologische« (eine aktualisierte Zusammenfassung des *Versuchs* von 1943), »Maschine und Organismus« sowie »Das Lebendige und sein Milieu« auf eine kritische Prüfung von Begriffspaaren, die zugleich Gegensatzpaare sind.

Nur auf den ersten Blick ist die Verteilung der Prioritäten in diesen Paaren eine klare. Den Impetus der Lebenswissenschaften aufgreifend, arbeitet Canguilhem immer wieder Figuren des Kippens, des Umschlagens, der »unvorhersehbaren Umkehrung« dieser Prioritäten heraus: Das Pathologische ist nur scheinbar aus dem Normalen abgeleitet (in Wirklichkeit ist es das Pathologische, an dem sich die Fähigkeit zur Normensetzung zuerst festmacht); die Maschine dient nur scheinbar als plausibles Modell für den Organismus (in Wirklichkeit ist es der Organismus, der die Maschinen modelliert); das Milieu, die Umwelt, ist nur scheinbar der bestimmende Faktor für das Erleben und Verhalten des organischen Individuums (in Wirklichkeit sind es die organischen Individuen, die sich ihre eigenen Umwelten schaffen und insofern auch bestimmen).

Durch diese Arbeit an den Begriffspaaren, die unser Wissen über das Leben in maßgeblicher Weise strukturieren, wird die skizzierte Absetzung von einer Wesensschau des Lebendigen noch verstärkt. Worum es Canguilhem in seinen historischen und philosophischen Studien letztlich geht, ist eine Einübung in den »Möglichkeitssinn« (S. 82). Ihm zufolge ist die Tätigkeit des Erkennens *nicht* gleichbedeutend damit, »auf ein Reales zu stoßen« (ebd.), also eine Entdeckung oder Enthüllung zu machen. Vielmehr besteht Erkenntnis darin, »einem Möglichen Geltung zu verschaffen, indem man es notwendig macht« (ebd.).

Was Canguilhem daran interessiert, ist aber nicht der Beweis des Notwendigen. Ihm geht es um die »Genese des Möglichen« (ebd.) als dem Potenzial, mit dem und an dem sich unser Wissen über das Leben entfaltet – auch und gerade in der Wissenschaft.

Spätestens an diesem Punkt ist es die Geschichte, nicht die Erfahrung, die zum wichtigen, wenn nicht entscheidenden Faktor in der Erkenntnis des Lebens wird. Nicht nur dass das Leben selbst und damit auch die Erfahrung einer Entwicklung unterworfen sind. Die Wissenschaften vom Leben haben ebenfalls ihre Geschichte. Noch in ihren aktuellsten Ausprägungen greifen sie, oftmals ohne es zu wissen, auf Potenziale zurück, die aus ihrer Vergangenheit stammen. Indem diese Wirksamkeit der Geschichte *in* der Wissenschaft aufgewiesen wird, zeigt sich dem Philosophen zugleich die

Lebendigkeit, der Möglichkeitssinn von Wissenschaft.

Vor diesem Hintergrund wird allerdings auch deutlich, dass Canguilhem sich nicht dauerhaft auf eine bestimmte Sichtweise der Erkenntnis einerseits und des Lebens andererseits festlegen kann. Dies ist der wohl klarste Unterschied zwischen seinem philosophischen Entwurf und den damals aktuellen Projekten der Phänomenologie in Frankreich. Es ist bekannt, dass Canguilhem in den 1960er-Jahren das »phänomenologische Unternehmen« mit seinen »grenzenlosen Ambitionen« durch einen Rekurs auf die begriffszentrierte Wissenschaftstheorie von Jean Cavaillès in die Schranken zu weisen versuchte.[68] Foucault griff diese Abgrenzung auf und verstärkte sie noch, indem er in einem berühmten Text die Linie »von Sartre und Merleau-Ponty« mit der Linie »von Cavaillès, von Bachelard, von Koyré und Canguilhem« kontrastierte: auf der einen Seite die Philosophie der Erfahrung, des Sinns und des Subjekts, auf der anderen die Philosophie des Wissens, der Rationalität und des Begriffs.[69]

Die Lektüre des vorliegenden Bandes lässt diese Entgegensetzung schnell als schematisch erscheinen. Mit Merleau-Ponty teilt Canguilhem eine beeindruckende Menge von Referenzen – von Goldstein über von Uexküll bis hin zu Raymond Ruyer, und insofern überrascht es nicht, dass die Rezeption von *Die Erkenntnis des Lebens* durch einen Phänomenologen, Mikel Dufrenne, in Gang gebracht wurde.[70]

Allerdings sah Canguilhem sich durch die zeitgenössischen Entwicklungen in den Lebenswissenschaften, insbesondere der Molekularbiologie, schon bald zu einer Revision der eigenen Position veranlasst. Im Namen des lebenswissenschaftlichen »Möglichkeitssinns« wurden die Verbindungen zur ganzheitlichen Biologie und Medizin dabei weitgehend außer Kraft gesetzt. Stattdessen verstärkte sich in den 1960er-Jahren Canguilhems Interesse für die Verbindungen zwischen den Lebenswissenschaften und der Informationstheorie.

Zweifellos wird damit die Distanz zu den phänomenologischen Untersuchungen akzentuiert, die immer wieder auf das Verhalten, die Wahrnehmung und die Leiblichkeit des Menschen abzielen. Doch auch der späte Merleau-Ponty hatte sich unter dem Vorzeichen von Gestalt- und Informationstheorie vom Anthropozentrismus à la Sartre entfernt. Ob hier trotz der ausdrücklichen Abgrenzung also nicht doch eine philosophische Parallelaktion vorliegt, ist eine der weitreichenden Fragen, die durch *Die Erkenntnis des Lebens* aufgeworfen wird.

Canguilhems Neuausrichtung an der zeitgenössischen Biologie führte ihn jedenfalls zu einer anderen Sichtweise des Verhältnisses von Erkenntnis und Leben. Zum Leitmotiv der 1960er-Jahre wurde der Gedanke, »daß die Informationstheorie unteilbar ist und daher ebenso für die Erkenntnis selbst wie für ihre Gegenstände, nämlich Materie oder Leben, Geltung hat«.[71] Dementsprechend heißt Erkennen jetzt nicht mehr Auseinandersetzung mit und/oder Anpassung an die Umwelt, sondern »sich informieren, sich üben im Entziffern und Dekodieren«.[72] Demzufolge ist es nicht mehr die mangelhafte Einfügung organischer Individuen in das von ihnen selbst geschaffene Milieu, sondern die unzureichende Bewegung in einem durch die ganze Gattung definierten Feld der Information, Translation und Expression, die bestimmt, was Erkenntnis heißt.

1966 widmet Canguilhem dieser neuen Auffassung der Erkenntnis einen enorm gehaltvollen Aufsatz mit dem Titel »Le concept et la vie«. So wie in der Informationstheorie dem Problem des Rauschens, des *noise*, ein vordringlicher Platz zugewiesen wird, tritt nun das Gegenfeld der Erkenntnis, der Irrtum, in den Vordergrund der Betrachtung. Ihr Kulminationspunkt ist ein Bild des Menschen als noch nicht festgelegtes Tier: »Der menschliche Irrtum [*erreur*] fällt wahrscheinlich mit dem Umherirren [*errance*] zusammen. Der Mensch irrt sich, weil er nicht weiß, wo sein Platz ist. Der Mensch irrt sich, wenn er sich nicht an den Ort begibt, der für das Aufsammeln einer bestimmten, von ihm gesuchten Information angemessen ist.«[73] Der Buchabschnitt, in den dieser Aufsatz schließlich aufgenommen wird, heißt programmatisch »La nouvelle connaissance de la vie« (Die neue Erkenntnis des Lebens).

Im Unterschied zu früheren Auflagen hat die französische Neuausgabe von *La connaissance de la vie* darauf verzichtet, diese Verbindung zur weiteren Entwicklung von Canguilhems Theorie des Verhältnisses von Denken und Leben kenntlich zu machen. Die ursprünglich datierten Teile der Bibliografie wurden 2003 zusammengeführt, eine erhellende Erklärung Canguilhems von der Rückseite des Buches entfernt. Dort hatte der Autor vom »Archaismus« gesprochen, der einen Teil seiner frühen Positionen zum biologischen Erkenntnisproblem gekennzeichnet habe, zugleich aber den bleibenden Wert des zugrunde liegenden philosophischen Projekts herausgestellt. Dieses Projekt bestehe nicht allein darin, das Problem des Lebens in seiner Besonderheit zu stellen, sondern zugleich die Frage nach dem »erstaunlichen Opportunismus der Beziehung der Lebewesen zu ihrer Umwelt« aufzuwerfen.[74] Die innige Verbindung von Erkenntnis und Leben nimmt an dieser Stelle eine pessimistische Färbung an.

Mit solchen Abstufungen und Hinweisen zur Kontextualisierung wartet *Die Erkenntnis des Lebens* in der jetzigen Form nicht auf. Die deutsche Übersetzung hat die Textgestalt der aktuellen französischen Ausgabe adaptiert, und daraus möchte man ihr keinen Vorwurf machen. Das Entscheidende ist, dass eines der Hauptwerke Canguilhems endlich in deutscher Sprache zugänglich ist. In die Genugtuung darüber, dass damit der weiteren Auseinandersetzung mit diesem Philosophen und den aktuellen Debatten um den »vitalistischen Materialismus« wichtige Impulse gegeben werden, mischt sich aber die Hoffnung, dass eine Übersetzung der »Nouvelle connaissance de la vie« bald folgen möge.

7. Barcola*

Johannes Müller war zufrieden, geradezu entspannt. Die Bora war ausgeblieben, die Sonne kam durch, und es wurde herrlich warm. Frühmorgens war er zum Fischen noch einmal draußen gewesen, zusammen mit Max und Dr. Busch. Anschließend hatten sie bis zwei Uhr gearbeitet. Wie jeden Tag hatten sie zuerst die Netze gesäubert und, wo nötig, ausgebessert, dann die Instrumente abgewaschen, einige Gläser befüllt und schließlich mit dem Zeichnen begonnen. Alles war ruhig, fast schon heiter verlaufen. Sie hatten wenig gesprochen, als ob sie noch am letzten Tag durch reines Tun bekräftigen wollten, dass das Meer vor Triest tatsächlich der lebenswissenschaftliche Ort *par excellence* war.

Müller nahm das ganz genau. Für ihn war es die Gegend »50 Schritt vor der Küste von Bar-

* Beitrag zu einer Festschrift für Hans-Jörg Rheinberger.

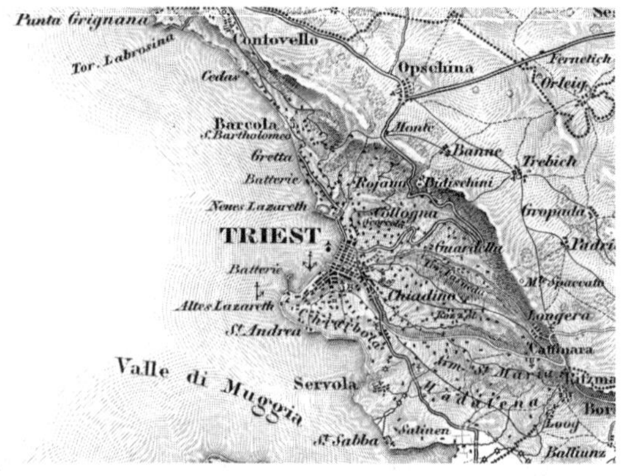

Abbildung 7.1: Lage von Barcola, nördlich von Triest. Karte von ca. 1850.

cola« (Abb. 7.1), die ihn zu lichter Begeisterung für Physiologie, Anatomie und Entwicklungsbiologie führte. »Ich habe noch niemals so viel Stoff angetroffen«, hatte er in einem Brief an seine Frau geschwärmt. Tatsächlich reichten die mitgebrachten Kladden zum Zeichnen schnell nicht mehr aus. Müller hatte neue kaufen müssen. Doch jetzt war Schluss. Der Aufbruch stand bevor, die Rückkehr in die große Stadt.

Einen Teil der Gläser und des Handwerkzeugs hatte er schon auf die Post gegeben, und die Koffer waren gepackt. Halb offen standen sie in den Zimmern, wie aufgeschlagene Bücher, die darauf warteten, geschlossen und ins Regal zurückgestellt zu werden. Morgen früh sollte es losgehen, mit dem Zug, entlang der üblichen Route über Venedig, Wien und Frankfurt nach Berlin.

Noch war es nicht so weit. Müller hatte Zeit für einen letzten Spaziergang am Corso. Während er sich dem Wasser näherte, überlegte er, ob er die Gläser ausreichend gut verpackt hatte, sodass sie durch den Transport keinen Schaden nehmen würden. Und er dachte daran, wie sie an der Universität in Empfang genommen würden. Solange er nicht da war, würden die jungen Leute wahrscheinlich mit den Schultern zucken, auf die Kisten zeigen und sich zuzwinkern: »Hast du gesehen? Der Alte war mal wieder Fischen.«

Ihm war längst klar, dass kaum einer etwas davon wissen wollte. Sammeln und Ansehen hatten sie zwar lernen müssen, wohl oder übel, das gehörte mit zum Studium. Aber daraus eine Wissensleidenschaft, eine treibende Lebens- und Erkenntnisweise machen? Fehlanzeige. Stattdessen zog die Rede von Physik, Maschinen und Energie immer größere Kreise. Unüberhörbar klopfte die Welt der Dampfgetriebe und Telegrafen an die Tür seines physiologischen Museums.

Talent hatten sie ja, die jungen Forscher, besonders der Elektrophysiologe und sein Freund. Aber in vieler Hinsicht schossen sie übers Ziel hinaus. Was zum Beispiel sollte das Schlagwort »Organische Physik«? Als ob »Physiologie« nicht treffend wäre. Ging es nicht eben darum, den Logos in der Natur aufzufinden, den Begriff *im* Leben? Scheinbar nicht. Offenkundig sollte das Physikalische, das Technische den ganzen Platz einnehmen. Müller malte sich aus, wie sie hinter ihm zu tuscheln begannen, sobald er sich seinen Gläsern zuwandte. Wahrscheinlich hielten sie ihn schon lange für einen Naturphilosophen, einen hoffnungslosen Vitalisten.

Jetzt hatte er die Uferstraße erreicht. Er genoss die freie Sicht und machte sich auf den Weg in Richtung Süden. Plötzlich musste er schmunzeln. Der Jüngere von beiden, der auf seine Empfehlung nach Königsberg berufen worden war, hatte ihm vor Kurzem diese Kurven geschickt. Eigentlich war das überflüssig gewesen, denn in der Zwischenzeit hatte er ja in einem langen Aufsatz erläutert, worum es bei diesen Zeitmessungen ging. Als Müller zum ersten Mal von ihnen gehört hatte, hatte er es tatsächlich kaum glauben können. In seinem Lehrbuch hatte er geschrieben, dass solche Messungen aus technischen Gründen wohl niemals machbar seien. Aber das war Jahre her. Und dann war es diesem Burschen in Königsberg doch gelungen. Die Kurven sollten es nochmals verdeutlichen. Nun gut. Müller hatte sie kurz betrachtet und dann zur Seite gelegt.

Doch jetzt, bei seinem Gang auf der geschwungenen Uferstraße, beim Blick auf die Wellen, musste er wieder an sie denken. Und zwar nicht an die Kurven selbst, sondern an ihren Untergrund – sozusagen das Papier, auf dem sie gezeichnet waren. Genau das war es nämlich nicht, Papier, sondern eine durchsichtige Folie. Und dieser helle Grund stammte nicht aus der trockenen Welt des Holzes, sondern verwies auf das Wasser und die Fische zurück. Die Kurven waren auf *Colla piscium* abgebildet. Mithilfe von Fischleim waren sie samt dem umgebenden Ruß vom drehbaren Glaszylinder abgelöst worden, um sie als Beweis nach Berlin schicken zu können. Fischleim! Als ob das eine Nebensächlichkeit wäre …

Deswegen musste er schmunzeln. Die beiden sollten ruhig von oben auf ihn herabschauen, mit ihren Galvanometern und Myografen. Solange sie nicht begriffen, dass das Fischen ebenso eine Technik war wie das Messen, dass es nicht um einzelne Instrumente, sondern um ganze Netze ging und dass jede Einsicht die Engführung des Aufzeichnens, also der Bilder und Begriffe, passieren musste, so lange blieb ihnen eine Pointe ihres Machens verschlossen.

Der Fischleim war eine Aufzeichnungsfläche.

Gleichzeitig stellte er aber ein Netz dar. Müller wusste, dass *Colla piscium* aus der Schwimmblase von Stören gewonnen wurde, und es war ihm klar, dass es oft zum Kopieren von Zeichnungen verwendet wurde. Dann war ihm eingefallen, dass dieser Leim auch zum Klären von Wein und Bier diente. Normale Gelatine band keine Schwebstoffe. Fischleim schon, besonders der aus der Hausenblase gewonnene. Wahrscheinlich war es die faserartige Beschaffenheit der Schwimmblase, die dafür verantwortlich war. In der Flüssigkeit, in der sie verteilt wurde, fing sie sozusagen mechanisch alle Trübungspartikel ein und zog sie nach unten. Letztlich würde das heißen, dass es der Fisch war, der mithilfe seiner getrockneten Innenhaut die Flocken aus dem Wein fischte.

Müller blieb stehen. Die Vorstellung lag ihm fern, am längeren Hebel zu sitzen. Das war viel zu schematisch und außerdem physikalisch gedacht. Aber es ging auch nicht einfach um das bessere Wissen. Im Grunde handelte es sich um eine Frage des Lebens, also der Zeit und der Form. Als er jung war, hatte er das noch anders gesehen. Mittlerweile war er sich gewiss: Das Hauptgewicht lag nicht auf dem Eingreifen, sondern dem Einfangen. Nur diese endlose, wiederholte Geste machte auf der See ebenso wie im Labor jene Überraschungen möglich, die vor vorschnellen Festlegungen bewahrten. Woraus das Netz bestand, war letztlich unwichtig. Es ging um die Genauigkeit der Geste, den fischenden Fisch, eine Fortsetzung der Naturgeschichte mit radikal anderen Mitteln.

Müller drehte ab und nahm Kurs auf das Café, das sich im Parterre seiner geliebten Albergo grande befand. Dr. Busch wartete schon. Max würde sicher gleich kommen. Eigentlich könnte der Sohnemann einmal ein Gedicht auf Barcola schreiben. Wahrscheinlich würde er das nicht wollen, schon aus Prinzip nicht, was nachvollziehbar war. Müller fühlte, dass er es selbst versuchen könnte. Er war zufrieden, geradezu entspannt.

8. *Mode d'existence*

Begriffe haben Erinnerungen an Ereignisse, die wir vergessen haben.
Ian Hacking

1951 betreute Étienne Souriau, einer der Herausgeber der *Revue d'esthétique*, ein Sonderheft dieser Zeitschrift mit besonderer Sorgfalt. Es war der »Industriellen Ästhetik« gewidmet, d. h. dem Verhältnis von Kunst und Technik. In seiner Einleitung umriss Souriau das Thema mit exemplarischen Fragen: Wie wirkt sich die Vorherrschaft der Maschinenarbeit über das Handwerk auf die künstlerische Produktion aus? Welchen Einfluss hat die scheinbar unbegrenzte Vervielfältigung von standardisierten Objekten auf unser ästhetisches Erleben? Sind Fotografie und Film als technische Verfahren oder als künstlerische Praktiken zu betrachten?[75] Kunsthistoriker, Literaturwissenschaftler, Soziologen und Psychoanalytiker, aber auch Ingenieure, Designer und Architekten waren eingeladen, zu antworten …[76]

Konfrontiert mit den spektakulären Projekten der Kybernetik und einer zunehmend technisierten Arbeitswelt musste das Verhältnis von Kunst und Technik im Frankreich der 1950er-Jahre als ebenso aktuelles wie relevantes Thema erscheinen. Für Souriau besaß die »Industrielle Ästhetik« aber auch persönliche Bedeutung. Wie er in der Einleitung des Hefts erklärte, hatte sein Vater, der Philosoph Paul Souriau, bereits um 1900 auf den möglichen Konflikt zwischen ökonomischen Notwendigkeiten und ästhetischen Werten hingewiesen. In *La beauté rationelle* hatte Paul Souriau diesen Konflikt durch den Entwurf einer eigenständigen Ästhetik der Technik zu lösen versucht. Konkret vertrat er demzufolge die These, »dass die gut gelungenen Produkte der Industrie, eingeschlossen und vor allem die Maschinen, in ihrer Perfektion eine Schönheit haben, die man mit den besten Werken der Malerei und Bildhauerei vergleichen kann«.[77]

Fünfzig Jahre später lag es für den Sohn, Étienne Souriau, auf der Hand, dass damit die futuristische Begeisterung für die Maschine vorweggenommen worden war, die in Marinettis berühmtem Satz, ein aufheulendes Auto sei schöner als die Nike von Samothrake, einige Jahre nach Erscheinen von *La beauté rationelle* prägnant zum Ausdruck kommen sollte. Zugleich war in seinen Augen damit auch schon vorab jene Haltung definiert worden, die bei modernistischen Architekten wie Henry van de Velde, Bruno Taut, Walter Gropius und Le Corbusier zur weitgehenden Gleichsetzung von Funktionalität und Schönheit führte.

Souriau beschränkte sich aber nicht darauf, das Problem der Industriellen Ästhetik aus familiengeschichtlicher Perspektive zu behandeln. Mit Blick auf den Film – eine Kunstform, die ihn spätestens seit 1946 intensiv beschäftigte, als er Gründungsmitglied der *Association française pour la recherche filmologique* geworden war –[78] bezog er sich auf den »interessanten Artikel«, den Walter Benjamin in den 1930er-Jahren über das »Kunstwerk im Zeitalter seiner technischen Reproduzierbarkeit« veröffentlicht hatte. Tatsächlich widmet Souriau dem Einfluss, den die Reproduktionstechniken – vom »Rotaprint-Verfahren« bis hin zum »Varityper« – auf Literatur und Kunst ausüben, einige Aufmerksamkeit.[79]

Darüber hinaus skizzierte er auf den letzten Seiten seiner Einleitung eine »funktionale Morphologie« des technischen Objekts, in der die Evolution der äußeren Formen solcher Objekte ebenso untersucht werden würde wie die Neuverteilung der einzelnen »Organe« in ihrem Inneren. In diesem Zusammenhang berief sich

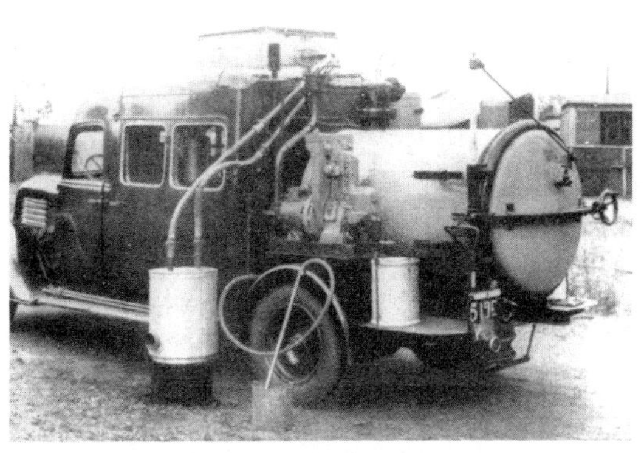

Abbildung 8.1: Mobile Desinfektionsvorrichtung, wie sie um 1930 im Süden von Algerien verwendet wurde. Laut Souriau ist die Form dieser Vorrichtung nicht vollständig »integriert«.

Souriau auf Henri Foçillon, der »Stil« als eine »kohärente Gesamtheit von Formen« definiert hatte, »die durch wechselseitiges Geeignetsein vereint sind«.[80] Mithilfe von zwei Fotografien eines LKWs, die die Harmonisierung von dessen einzelnen Elementen demonstrieren sollten, veranschaulichte er, wie er sich eine Anwendung dieses Stilbegriffs auf das Phänomen der Technik vorstellte (Abb. 8.1 und 8.2).

*

1958 veröffentlichte Gilbert Simondon seine Abhandlung über die *Existenzweise technischer Objekte*. Obwohl ihr Umfang weit über einen

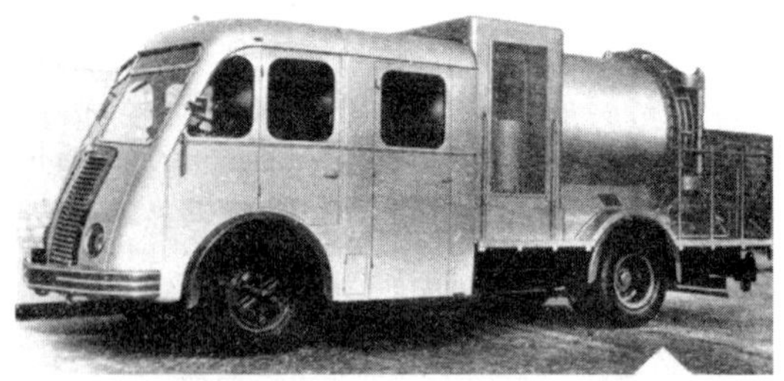

Abbildung 8.2: Mobile Desinfektionsvorrichtung, wie sie um 1950 im Süden von Algerien verwendet wurde. Souriau beschreibt diese Ausführung der Vorrichtung als eine »vollständige Integration der Form«, die zu einer »hervorragenden Ästhetik« führe.

Zeitschriftenaufsatz hinausgeht, lässt sie sich als verspäteter Beitrag zu Souriaus Sonderheft lesen. Tatsächlich bezieht sich Simondon nicht einfach auf die Philosophie der Technik, sondern auch und vielleicht sogar vor allem auf ihre Ästhetik. Auf den ersten Seiten grenzt er sich ausdrücklich von einer oberflächlichen Betrachtung der technischen Objekte ab. Am Beispiel des Autos und des Telefons zeigt er, dass ein wesentlicher Unterschied zwischen der äußeren Anpassung einer Technik an ihre Benutzer und der inneren Entwicklung zu einem technisch kohärenten Ganzen besteht. Die »Technizität« des Telefonapparats intensiviert sich nicht dadurch, dass seine äußere Form kompakter und handlicher wird.[81]

Ebendeswegen setzt Simondons Untersuchung am *milieu intérieur* der technischen Objekte an. Die Leitlinie für die Betrachtung dieser inneren Form ist der »Austausch von Energie und Information«, der zwischen den unterschiedlichen Bestandteilen eines Objekts zu beobachten ist. In dieser Sichtweise entwickelt sich ein technisches Objekt durch die innere Konvergenz seiner funktionalen Strukturen. Auch wenn das Objekt damit zum »Schauplatz einer gewissen Anzahl von Relationen wechselseitiger Kausalität« wird, geht sein morphologischer Aspekt aber nicht verloren. Im Gegenteil: Die von Foçillon als »Stil« beschriebene Kohärenz von Formen, die sich durch wechselseitige Abstimmung vereinen, kehrt vielmehr unter energetischen und informatischen Vorzeichen wieder.[82]

Die besondere Ästhetik dieser Auffassung des technischen Objekts verdeutlicht sich an der Art und Weise, in der Simondon den Prozess der Konkretisation beschreibt. Die Entwicklung des Verbrennungsmotors und der Elektronenröhre, seiner hauptsächlichen Beispiele, schildert er nämlich nicht einfach nur im Text. Wie Souriau dokumentiert er sie auf Fotografien, die im Anhang des Buches enthalten sind.

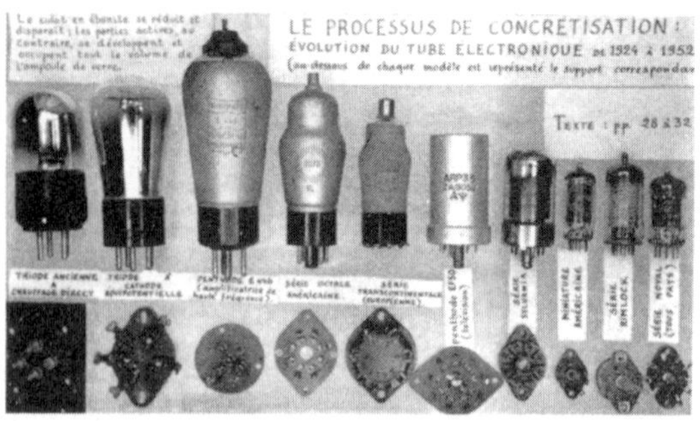

Abbildung 8.3: Simondons Veranschaulichung des Konkretisationsprozesses am Beispiel der Elektronenröhre von 1924 bis 1952.

Kunstvoll arrangierte Reihen von Maschinen und Maschinenteilen zeigen die »morphologische Evolution« einzelner technischer Objekte (Abb. 8.3).

Es verwundert daher nicht, dass Simondon der Ästhetik einen besonderen Stellenwert zuweist. Innerhalb der gegenwärtigen Kultur, die sich – ihm zufolge – durch eine feindselige Abgrenzung gegenüber der Technik definiert, weist die Ästhetik den Weg zu einer Wiederannäherung an die technische Welt. Denn: »Die ästhetische Tendenz ist die ökumenische Bewegung des Denkens.«[83] Die Wertschätzung einer Maschine als ästhetisches Objekt wäre demzufolge ein erster Schritt zur Anerkennung der Technik als integralem Bestandteil von Kultur.

Fällt Simondon damit nicht in die oberflächliche Betrachtung der Technik zurück, die er am Anfang seiner Untersuchung kritisiert? Nicht ganz, denn technische Schönheit definiert sich hier über das Kriterium der Einfügung: »Die Hochspannungsleitung ist schön, wenn sie ein Tal überspannt, das Auto, wenn es sich in die Kurve legt, der Zug, wenn er abfährt oder aus einem Tunnel hervorkommt.«[84] Auf diese Weise fungiert das ästhetische Denken bei Simondon als »Paradigma, das die Anstrengung des philosophischen Denkens ausrichtet und stützt«.[85] Es zeichnet jenen Prozess vor, der durch die philosophische Bewusstwerdung von Sinn und Wert der Technik zu einer neuen kulturellen Symmetrie führt.

*

Es wäre voreilig, aus diesen Affinitäten auf eine direkte Verbindung zu schließen. Wenn Simondon seiner Abhandlung den Titel *Die Existenzweise technischer Objekte* gibt, ist in der Tat nicht ersichtlich, dass er sich damit auf das fünfzehn Jahre zuvor von Souriau veröffentlichte Buch *Die verschiedenen Modi der Existenz* bezieht. Dennoch gibt es eine bemerkenswerte Konvergenz zwischen den beiden Texten. Zunächst scheint sie darin zu liegen, dass in beiden Fällen die Ästhetik als Paradigma der Philosophie fungiert. So stellt Souriau fest: »Jeder Modus ist für sich allein eine Kunst des Existierens.«[86] Tatsächlich konzipiert er die für seine Philosophie so grundlegende »Instauration« ausgehend von jenem künstlerischen Prozess, der vom Tonhaufen auf dem Block eines Bildhauers zur gleichzeitigen Entstehung von Werk einerseits und Künstler andererseits führt.[87]

Folgt man dem Leitfaden des von beiden benutzten Begriffs – *mode d'existence* –, wird deutlich, dass der von Souriau eingeschlagene Weg mit dem von Simondon noch auf andere Weise konvergiert. So unterschiedlich diese Wege nämlich im Einzelnen sind, sie verweisen beide auf eine Gabelung zurück, die in maßgeblicher Weise durch die Phänomenologie Edmund Husserls eingerichtet und ausgestaltet worden ist. Tatsächlich sind es Husserl-Schüler wie Oskar Becker, Hedwig Conrad-Martius, Eugen Fink und Roman Ingarden, die seit den 1920er-Jahren dem Begriff der *Existenz-* oder *Seinsweise* im philosophischen Diskurs zu erheblicher Prominenz verholfen haben.

Der Phänomenologe erscheint in dieser Konstellation im Gewand eines modernistischen Descartes, sozusagen Arm in Arm mit Gropius und Le Corbusier. In seinen Untersuchungen zur Intentionalität der Bewusstseinsakte hatte

Husserl bekanntlich die Gruppe der »idealen Gegenstände« (Zahlen, Dreiecke usw.) in prägnanter Absetzung vom damals dominierenden Psychologismus umrissen. *Ein* Ergebnis dieser Eingrenzung war die Unterscheidung der »idealen Gegenstände« von den »realen Gegenständen«.[88] Mit ihr erneuerte Husserl auf radikale Weise die klassische Polarisierung von *res cogitans* und *res extensa*.

Ein weiteres Ergebnis war die Frage, ob sich auch alle Gegenstände in die neue Unterscheidung von »ideal« und »real« einfügen ließen. Mit Blick auf *diese* Frage lenkten Becker, Conrad-Martius, Ingarden und andere die Aufmerksamkeit auf jene Gegenstände, die sich der eindeutigen Zuordnung widersetzten: Werke der Literatur zum Beispiel oder wissenschaftliche Forschungsobjekte. Um solche Gegenstände besser würdigen und genauer beschreiben zu können, wechselten sie – anders als Husserl – von der Phänomenologie zur Ontologie: Sie sprachen Goethes *Faust* oder den Atomen der zeitgenössischen Physik charakteristische Existenz- oder Seinsweisen zu.

Im Buch von Souriau mangelt es nicht an Belegen für eine Verbindung mit dieser Stellung des Problems. Gleich am Anfang werden dort »Denken« und »Materie« einander gegenübergestellt, um im Anschluss die Frage nach der

Existenzweise von Gegenständen aufzuwerfen, die sich der Zuordnung zu dieser Opposition entziehen: »Existiert Gott? Hamlet, die *Primavera*, Peer Gynt, haben sie existiert, existieren sie und wenn, inwiefern? Existieren die Quadratwurzeln aus den negativen Zahlen? Existiert die blaue Rose?«[89] Das ist exakt die philosophische Geste, die für Husserl-Schüler wie Ingarden charakteristisch gewesen ist.

Auch Simondon orientiert sich an dieser Geste, führt sie aber in einer etwas abgewandelten Fassung aus, die – wie wir sehen werden – auch einem späteren Stand der Rezeption entspricht. Wenn Simondon die besondere Existenzweise des technischen Objekts zu fassen versucht, betrachtet er nämlich nicht allein die Entstehung und Entwicklung dieser besonderen Art von Objekt, sondern leitet sie ebenso von wiederholten Vergleichen mit anderen Arten von Objekten ab: dem ästhetischen Objekt, dem heiligen Objekt und dem natürlichen Objekt. Roman Ingarden hatte, basierend auf seiner ausführlichen Untersuchung zur Seinsweise des literarischen Kunstwerks, eine ähnlich komparative Ontologie verfolgt, wenn er ausgehend von der Literatur die unterschiedlichen Seinsweisen der Kunstwerke in Malerei, Musik, Architektur und Film voneinander abgrenzte – letzteres übrigens in einem Beitrag zu der von Souriau mit herausgegebenen *Revue internationale de filmologie.*[90]

*

Weder Souriau noch Simondon beziehen sich auf Ingarden, obwohl dessen Arbeiten zur Ontologie von Kunst und Wissenschaft seit den 1930er-Jahren in Frankreich bekannt gewesen sind.[91] Übrigens wurde schon zu dieser Zeit der französische Ausdruck *mode d'existence* als gängige Übersetzung von »Seinsweise« etabliert – obwohl (oder weil) in Ingardens deutschsprachigen Texten auch von »Seinsmodus«, »Existenzmodus« und »Existenzweise« die Rede ist.

Die Schlüsselfigur der französischen Ingarden-Rezeption ist Mikel Dufrenne, ein Schüler von Souriau, Bachelard und Jankélévitch – und ein Freud von Simondon. 1958, in der Vorbemerkung zur *Existenzweise technischer Objekte*, dankt Simondon jedenfalls seinem »ehemaligen Kollegen« für die »Ermutigungen, die er [d. h. Dufrenne] mir wiederholt hat zuteilwerden lassen«, für die »Ratschläge, die er mir gegeben« hat, und für seine »tatkräftige Sympathie« bei der Redaktion des Buches.[92]

Anfang der 1950er-Jahre hatte Dufrenne eine zweibändige *Phénoménologie de l'expérience esthétique* veröffentlicht. Während der zweite Band dieses Werks der ästhetischen Wahrnehmung gewidmet war, beschäftigte sich der ganze erste Band mit dem ästhetischen Objekt. Dufrenne bezog sich dabei in konstruktiver Weise auf Souriau *und* Ingarden und legte seine Analyse als komparative Analyse unterschiedlicher Objekttypen an. Obwohl Dufrenne nicht von Seinsweisen spricht, bestimmt er die Besonderheit der ästhetischen Objekte durch den Vergleich mit Naturobjekten (Leben), Gebrauchsobjekten (Technik) und Bedeutungsobjekten (Sprache).[93]

*

Wie gesagt begegnet uns dieser Ansatz auch in Simondons Auseinandersetzung mit dem technischen Objekt. Was uns ebenfalls wiederbegegnet, sind einige der Grundbegriffe, die Ingarden in seiner Analyse des literarischen Kunstwerks eingeführt hatte. So findet sich das bei Simondon einschlägige Konzept der »Konkretisation« eines Objekts ebenfalls bei Ingarden, genauso wie beispielsweise die Rede von den »Unbestimmtheitsrändern« des Objekts. Wie Simondon spricht auch Ingarden von der »Individualität« des einzelnen Objekts (bzw. Werks), das in seinem Kern durch ein »Schema« bestimmt ist. Und schließlich taucht bei ihm auch jene Analogie zwischen der Entwicklung eines Objekts (oder Werks) und »dem Leben eines

Lebewesens« auf,[94] die Simondon ebenfalls immer wieder diskutiert.

Hinzu kommt, dass Simondon und Ingarden im Laufe ihrer jeweiligen Untersuchungen auf ähnliche Schwierigkeiten stoßen. Es ist oft auf den Bruch hingewiesen worden, der Simondons Abhandlung durchzieht: Während die ersten beiden Teile eng am technischen Objekt orientiert sind, erweitert der dritte Teil die Perspektive auf die »nicht objektivierten Wirklichkeiten« der Technik und bettet sie in die große Gesamtheit aller übrigen Beziehungen zwischen Mensch und Welt ein (Magie, Technik, Religion usw.).[95]

Mit diesem Bruch ändert sich der Charakter dessen, was durch *mode d'existence* bezeichnet wird. Während der Begriff in den ersten beiden Teilen von Simondons Abhandlung auf die besonderen Eigenschaften eines bestimmten Typs von Gegenstand verweist, steht er im dritten Teil für unterschiedliche Arten des menschlichen Bezugs zur Welt. Simondon bezeichnet diese Verhältnisse nun ebenfalls als »Existenzweisen«, nennt sie aber auch »Denkweisen« und »Denkformen«, und es ist deutlich, dass er damit zugleich auf Einstellungen, Haltungen und Wertvorstellungen zielt.

Was sich hinter dieser Unschärfe abzeichnet, ist allerdings keine Phänomenologie mehr, sondern eine Soziologie. Genauer gesagt sind es die historisch orientierten Kategorien einer Soziologie der Werte, die über Georges Canguilhem – neben Dufrenne der zweite Mentor Simondons – auf Célestin Bouglé, Georg Simmel und andere zurückführen. Tatsächlich bedankt sich Simondon in seiner Vorbemerkung auch bei Canguilhem für dessen »Bemerkungen« und »Vorschläge«. Namentlich der dritte Teil des Buches verdanke ihm viel.[96] Diese Danksagung lässt sich inhaltlich vor dem Hintergrund der Tatsache verstehen, dass Canguilhem bereits in seinem Versuch über *Das Normale und das Pathologische* die Tradition der Wertphilosophie (»Windelband, Münsterberg, Rickert«) aufrief,[97] um seine Profilierung des Unterschieds zwischen Technik und Wissenschaft zu begründen. In ähnlicher Weise hatte schon Bouglé das Phänomen der Gesellschaft als Resultat einer fortschreitenden Ausdifferenzierung von Werten gefasst, das sich ausgehend von der ursprünglichen Einheit der Magie in Bereiche wie Wissenschaft, Technik, Wirtschaft und Ästhetik teilt.[98]

Ingarden erreicht in seiner Untersuchung zur Seinsweise des literarischen Kunstwerks einen vergleichbaren Punkt wie Simondon. Nachdem er die unterschiedlichen Schichten des literarischen Werks und ihr polyphonisches Zusammenwirken ausführlich analysiert hat, sieht er sich gezwungen, das Kunstwerk »wieder in den Kontakt mit dem Leser zu bringen und es in das konkrete geistige und kulturelle Leben hineinzustellen«.[99] Die »Seinsweise« des literarischen Werks erweist sich plötzlich als abhängig von spezifischen »Erfassungsweisen der Welt«, die ihrerseits durch »ästhetische und außerästhetische Werte« bestimmt sind.[100] Auch hier bleibt der Begriff der Seinsweise also nicht auf die phänomenologische oder ontologische Charakterisierung einer bestimmten Art von Gegenstand beschränkt, sondern geht in eine letztlich soziologisch und/oder historisch fundierte Betrachtung der Einbettung des Gegenstands in bestimmte Denk- und Handlungsweisen über. Auch Ingarden kommt also letztlich nicht ohne eine Soziologie der Werte aus.

Spätestens an diesem Punkt ist es die von Husserl übernommene Stellung des Problems, auf das der Begriff der Seinsweise antworten sollte, die sich ihrerseits als Problem erweist. Was ihr von Anfang an fehlt, ist ein kritisches Verständnis dafür, dass sich die Existenzweisen von Gegenständen von den historisch spezifischen Produktions- und Reproduktionsweisen einer Gesellschaft nicht abtrennen lassen. Descartes und Gropius staunen: Gegenstände sind Ver-Gegenständlichungen. Genau das war aber die Botschaft, die Benjamin übermittelt hatte, als er in seinem berühmten Aufsatz von der »Daseinsweise« des Kunstwerks sprach – wortwörtlich von *mode d'existence*.[101]

9. Zeitmaschinen

Die Schöngeister ergötzen sich an der Vorstellung, eine Zeitmaschine erlaube es, in die Zukunft oder in die Vergangenheit zu reisen. Um 1900 treten Schriftsteller wie Enrique Gaspar y Rimbau und H. G. Wells mit entsprechenden Werken hervor, bringen aber letztlich nur die deutlich ältere Faszination durch Zeitreisen in modernem, technischem Gewand zum Ausdruck.

Die »Wissenschaft von den imaginären Lösungen« (Pataphysik) hat dagegen die konkrete Herstellung von Zeitmaschinen ins Auge gefasst. 1899 schlägt Alfred Jarry vor, sich mit mechanischen Mitteln dem Zustand des Äthers anzunähern, um so Bewegungen durch die Zeit bewerkstelligen zu können. Jarrys große Leistung ist es, dabei von der »Beschaffenheit des Mediums« auszugehen. Präziser Anknüpfungspunkt sind die mechanischen Äthermodelle des Physikers William Thomson (Lord Kelvin).

Orientiert an dem von Thomson beschriebenen Zusammenspiel von Federwaagen und Gyrostaten entwirft Jarry eine Zeitmaschine, die nicht zufällig an ein Fahrrad erinnert. So wie das Fahrrad aus zwei Rädern besteht, eröffnet die Maschine von Jarry, einmal in Gang gesetzt, nämlich den Zugang zu *zwei* Vergangenheiten: der, die vor unserer Gegenwart liegt (die »reale Vergangenheit«), und der Vergangenheit, die *»von der Maschine konstruiert«* wird.

Nach dem Niedergang der Äthertheorie werden eine Vielzahl von Zeitmaschinen entwickelt, die auf genauer situierten oder zumindest besser zu kontrollierenden Medien basieren, wie z. B. der Elektrizität oder dem (künstlichen) Licht. Im Unterschied zur Zeitmaschine von Jarry lassen diese Maschinen ihre Benutzer aber nicht unsichtbar werden (Kino, Fernsehen, Video, Computer).

10. Das Bewegungsbild nach Duchamp

Marcel Duchamp ist der sophistische Künstler *par excellence*. Er ist der traditionelle Aktmaler, der zugleich avantgardistischer Maschinenzeichner ist, er ist der frühneuzeitliche Alchemist, der wie ein moderner Physiker die vierte Dimension erkundet, er ist das männliche Künstler-Subjekt, das gelegentlich in Gestalt einer Frau auftritt, und nicht zuletzt ist er der in Frankreich geborene und ausgebildete Künstler, der lange Zeit in den USA gelebt und gearbeitet und dort seine entscheidende Wirkung entfaltet hat.

Duchamps gesamte Laufbahn und große Teile seines Werks scheinen demnach der Maßgabe zu folgen, jeden Gegenstand in zwei Ansichten zu zeigen und auf jedes Thema eine doppelte Perspektive zu entwerfen: *dissoi logoi*. Sophistik, so hat Jean-François Lyotard einmal erklärt, sei vor allem die Kunst einer Verdopplung von Diskursen. Die Grundmaxime der sophistischen Philosophie laute: »Jeder Rede muß eine streng parallel konstruierte Rede gegenüberstehen, die jedoch zum gegenteiligen Schluß kommt.«[102]

In vielen Werken Duchamps werden diese doppelten Diskurse buchstäblich in zweierlei Ansichten übersetzt. In den Zeichnungen und Gemälden aus der Münchener Zeit wird das Äußere der Maschinen zum Inneren des menschlichen Lebens.[103] *A regarder (l'autre côté du verre) d'un œil, de près, pendant presque une heure* fordert explizit dazu auf, die Vorderansicht dieses Glasbildes mit der Rückansicht zu ergänzen, während das ungleich berühmtere Glasbild, *La Mariée mise à nu par ses célibataires, même*, darüber hinaus ein Oben einem Unten gegenüberstellt, um in einem weiteren Schritt die Betrachtung des Bildes noch durch eine Lektüre von Arbeitsnotizen zu verdoppeln. In Duchamps stereoskopischen Zeichnungen und Filmen verweist das Links notwendigerweise auf ein Rechts, während das Spätwerk *Étant donnés: 1° la chute d'eau / 2° le gaz d'éclairage* das Hier des Betrachters vom Dort der Installation unterscheidet und damit zugleich miteinander verbindet. Duchamp ist der sophistische Künstler *par excellence.*

Angesichts dieser Fülle und Vielschichtigkeit der *dissoi logoi* ist es keine Überraschung, dass das Duchamp'sche Werk auch insgesamt stereoskopischen Betrachtungen unterzogen wurde.

So hat sich seit der kapitalen Studie von Linda Henderson die Auffassung durchgesetzt, dass der Künstler Duchamp ebenso sehr als Wissenschaftler zu betrachten ist,[104] dass seine Bilder und Skulpturen also – wie Herbert Molderings gesagt hat – gleichermaßen »ästhetische« wie »epistemische Objekte« sind. Duchamps Werke sind demzufolge sowohl die Instrumente wie auch die Ergebnisse genuin experimenteller Untersuchungen zwischen Wissenschaft und Kunst.[105]

Dass unter »Wissenschaft« in diesem Zusammenhang aber nicht nur die moderne Physik zu fassen ist, sondern auch und vielleicht gerade die Physiologie und Psychologie der Wahrnehmung, ist bislang nur selten zur Geltung gebracht worden. Ähnlich schwach beleuchtet erscheint der Sachverhalt, dass Duchamps intensive Auseinandersetzung mit der Linearperspektive nicht allein im Dienste einer Konstruktion von *Raum* steht, sondern auf geradezu performative Weise den Betrachter als Akteur ins Spiel bringt – und damit vermittelt auch die *Zeit*.

Anämisches Kino

Der von Duchamp gewählte Titel sagt es unmissverständlich: *ANÉMIC CINÉMA* ist ein Film über das Kino. Anämisch, also blutleer oder blass ist dieses Kino zunächst, weil der Film ohne Ton, ohne Schauspieler und ohne Handlung auskommt. Seine Hauptakteure sind rotierende Scheiben, die an die Vorgeschichte des Films denken lassen: an das Phenakistiskop von Joseph Plateau ebenso wie an die stroboskopischen Scheiben von Simon Stampfer.[106]

Das formale Gerüst für die Präsentation der rotierenden Scheiben ist dagegen am zeitgenössischen Kino orientiert. Zum einen gibt es einen Vorspann, der den Titel des Filmes zeigt (Abb. 10.1), und einen Abspann, der mit der Formulierung »COPYRIGHTED BY RROSE SÉLAVY 1926« wenigstens den fiktiven, weiblichen Urheber und das Datum der Entstehung benennt (Abb. 10.2). Zum anderen entspricht das im Hauptteil gezeigte Alternieren von Scheiben mit Kreismustern und Scheiben mit mehr oder weniger vollständigen Sätzen der formalen Abwechslung von stummen Handlungssequenzen und Zwischentiteln, die für den Kinofilm dieser Zeit ebenfalls charakteristisch war.[107]

Aber nicht nur die innere Verfassung, sondern auch der Ausgangspunkt von Duchamps

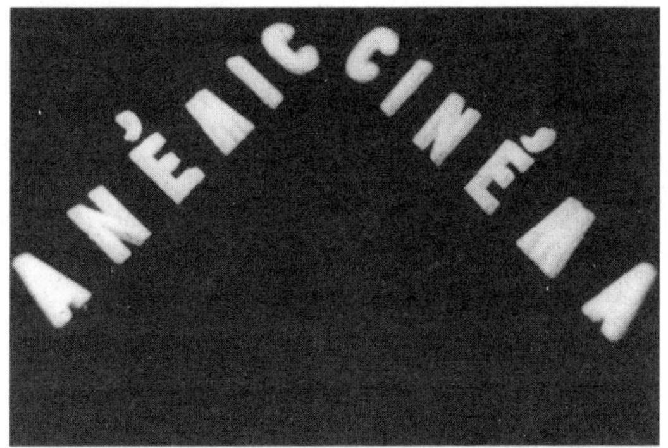

Abbildung 10.1: Marcel Duchamp, Titelbild im Vorspann von *ANÉMIC CINÉMA*.

Film ist vergleichsweise blass und blutarm, dürr. *ANÉMIC CINÉMA* geht nicht von einem Thema, einem Gegenstand, einer Person oder einem *plot* aus, sondern von einem der Wortspiele, mit denen sich Duchamp seit den 1910er-Jahren immer wieder beschäftigte und die er, besonders seitdem sein weibliches Alter Ego, Rrose Sélavy, auf den Plan getreten war, als integralen Bestandteil der künstlerischen Arbeit betrachtete. »ANÉMIC« ist offensichtlich ein Anagramm von »CINÉMA«. »Anämisch« müsste im Französischen allerdings eigentlich *anémique* heißen. *Anemic* ist die englische Übersetzung des Begriffs, und es ist tatsächlich dieses Wort, das verwendet wird. Allein durch den Akzent auf dem »E« wird es ins Französische gespiegelt.

Abbildung 10.2: Marcel Duchamp, Signatur im Abspann von *ANÉMIC CINÉMA*.

Und mit einer Spiegelung haben wir es zu tun. Die Anagrammqualitäten der beiden Wörter im Titel werden im Vorspann nämlich dadurch herausgestrichen, dass sie schräg zueinander angeordnet sind. Sie stehen nicht auf einer geraden Linie, sondern zeigen von unten nach oben und von oben nach unten. Sie deuten damit die Richtungen an, die der Film erkunden wird: das Unten des Körperlichen und des Sexuellen, das Oben des Sprechens und des Sehens.

Von hinten, vom angedeuteten Fluchtpunkt der beiden Schrägen betrachtet, besteht der Titel allerdings nur aus einem Wort, das in zwei Hälften aufgeschnitten ist und nun zugleich Vorder- und Rückseite zeigt: *dissoi logoi*. Insofern ist das Anämische also nur die eine Ansicht des Kinos. Die andere Ansicht setzt genau den gegenteiligen Schluss ins Bild, qualifiziert Kino also als das Sanguinische, Pralle, Dionysische. Wie schon gesagt zielen die auf den Drehscheiben streng angeordneten Muster und Buchstaben genau auf diese Dimension. Sie bringen das Körperliche als ein zentrales Element der Kinoerfahrung ins Spiel.

Wie stark *ANÉMIC CINÉMA* durch den Sophismus geprägt ist, verdeutlichen die erhaltenen Entwürfe zum Filmtitel (Abb. 10.3). Gleichsam als operatives Motto notieren sie zunächst die beiden Stichworte *»le coupant«*, die Schneide, und *»la transparence«*, die Durchsichtigkeit.[108] Medientechnisch, kinematografisch entsprechen dem der Schnitt, der zwei Einstellungen voneinander trennt, und das Zelluloid als durchsichtiges Trägermedium der Einzelbilder. Die dann folgenden Entwurfszeichnungen für den Titel lassen sich daher nicht nur als Resultat eines in der Originalnotiz rot markierten Schnitts durch ein Wort begreifen. Sie erscheinen gleichermaßen als Projektion des Wortes auf eine Leinwand (ein Glas?), deren Vorder- *und* Rückseite gesehen werden kann – eine Versuchsanordnung, die Duchamp auch in anderen Projektnotizen zum Kino erwähnt.[109]

Darüber hinaus ist in einer der Entwurfs-

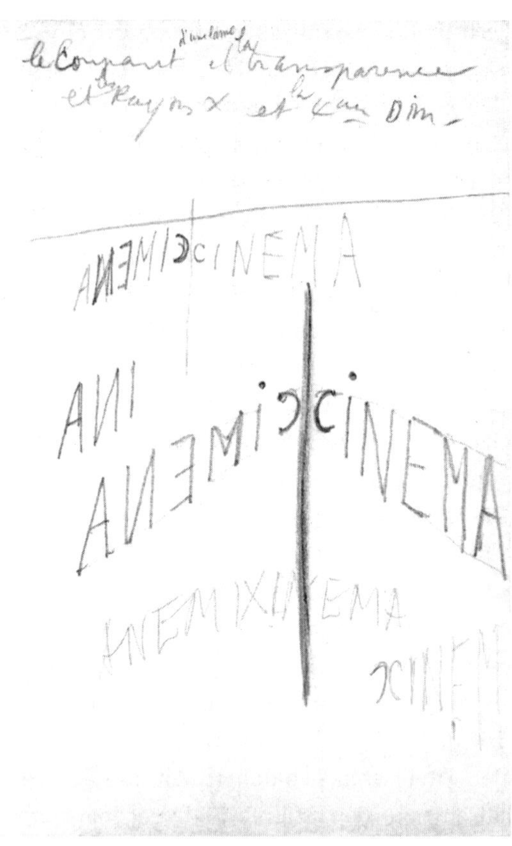

Abbildung 10.3: Marcel Duchamp, Entwürfe zum Titel von *ANÉMIC CINÉMA*.

zeichnungen für den Titel von *ANÉMIC CINÉMA* das »C« am Ende von »ANEMIC« einmal so umgedreht, dass es wie eine vertikale Spiegelung des »C« am Anfang von »CINEMA« erscheint (die Akzente fehlen auf diesen Skizzen noch). In der Zusammenfügung ergibt das – wie ein weiterer Teil der Notiz verdeutlicht – ein X. Nimmt man dies als Kreuz, wird damit eine visuelle Struktur aufgerufen, die im formalen Aufbau der Arbeiten, die dem Großen Glas vorhergehen (*Première recherche pour: la mariée à nu par les célibataires* und *Vierge no. 1, 1912*), immer wieder anzutreffen ist – vielleicht das sophistische Motiv schlechthin. Als Buchstabe gelesen verwandelt das X den Titel des Films in »ANEMIXINEMA«, wobei das dabei in Erscheinung tretende Wort »MIX« als eine weitere Ankündigung der bemerkenswerten Kreuzungen von bewegtem Bild und bewegter Schrift begreifbar ist, die die eigentliche »Handlung« des Films dann auf schlagende Weise inszeniert.

Von der Sprache zum Körper

Insgesamt neunzehn runde, rotierende Scheiben treten auf. Zehn davon sind Scheiben, auf denen azentrisch angeordnete Kreise zu sehen sind. Auf den restlichen neun werden mehr oder weniger vollständige Sätze in spiralförmiger Form dargeboten. Im Unterschied zu den statischen Zwischentiteln des traditionellen Stummfilms hat der Betrachter von *ANÉMIC CINÉMA* es also mit Schriften zu tun, die nicht einfach zu lesen sind. Die Buchstaben stehen nicht still, sondern bewegen sich mit der Scheibe, auf der sie angebracht sind, im Kreis.

Darüber hinaus sind die Buchstaben eben nicht auf einer geraden Linie angeordnet, sondern – ähnlich wie auf manchen futuristischen Bildern (Carràs *Manifestazione interventista* etwa) – in einer Spirale.[110] Auf diese Weise wird der lesende Betrachter in die rotierende Bewegung der Scheibe hineingezogen. Nur momentweise will es gelingen, einen Punkt in der oberen Hälfte des Bilds zu fixieren, um die jeweils gezeigten Sätze und Satzfragmente zu lesen.

Linguistisch betrachtet handelt es sich bei den Sätzen und Satzfragmenten um sogenannte *contrepèteries*, eine seit Rabelais in der französischen Sprache fest verankerte Spielart des Schüttelreims. Sie lässt sich als Vertauschung von Buchstaben oder Silben einer Wortgruppe definieren, die mit dem Ziel vorgenommen wird, eine andere Wortgruppe zu erhalten, welche einen anderen, vorzugsweise lustigen oder anzüglichen Sinn hat.[111]

Was der Titel des Films ankündigt, ein Aufschneiden der Wörter zum Herausstellen ihrer Kehrseiten, wird damit weiter- und fortgeführt.

Aus »ESQUIMAUX« werden beispielsweise »MOTS EXQUIS«, aus »COTE D'AZUR« wird »CURE D'AZOTE« aus »DOMESTIQUES« »DEMI-STOCK« (Abb. 10.4). Es gibt auch mehrfache Permutationen, so zum Beispiel bei den »BAINS DE GROS THÉ«, aus denen zunächst »GRAINS DE BEAUTÉ« werden, um sich dann in »TROP DE BENGUÉ« zu verwandeln.[112]

Lyotard zufolge sind solche Permutationen mehr als formale Spielereien. Duchamps *contrepèteries* lassen den neuen *Sinn* erst nach einem Durchgang durch die *Sinnlichkeit* – in diesem Fall: die Klanglichkeit des Sprechens – greifbar werden. Sie stehen damit für jenes X, jenen »Chiasmus« ein, der aus phänomenologischer Sicht vom Leib zur Sprache und von dieser wieder zurück zum Leib führt.[113]

Man könnte auch sagen, die Wörter werden selbst zu Spiralen: durch ihre Lauthaftigkeit werden sie auf sich selbst zurückgebogen, aber nicht, um kreisförmig und leer das zu sagen, was sie ohnehin sagen, sondern um leicht versetzt an sich vorbeizugehen und etwas anderes, Neues zum Ausdruck zu bringen.

Duchamp gibt sich mit dieser Dramatisierung einer durch die Materialität von Sprache bewirkten Verzerrung des Symbolischen allerdings nicht zufrieden.[114] Gleichzeitig verlängert er die Wörter, die er durch die Vertauschung

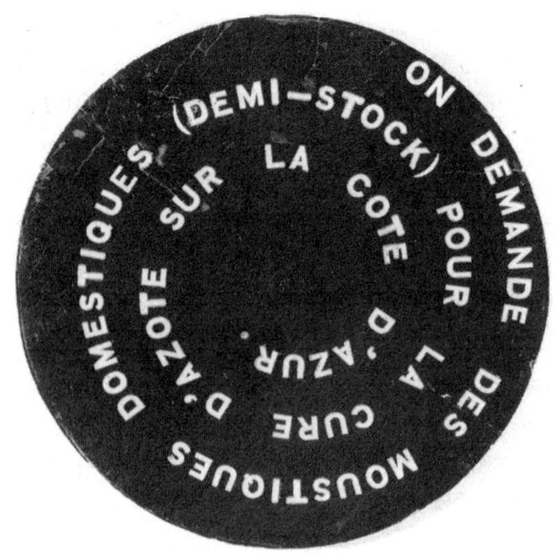

Abbildung 10.4: Marcel Duchamp, Scheibe für *ANÉMIC CINÉMA* mit spiralförmig angeordnetem Satzfragment.

von Buchstaben erzeugt hat, in wiederum lautlich dominierte Assoziationen, die auch auf der Ebene des Sinns zum Sinnlichen führen. »AVEZ VOUS DÉJA MIS LA MOËLLE DE L'ÉPÉE DANS LE POÊLE DE L'AIMÉE?« ist nicht nur eine *contrepèterie*, in der »MOËLLE DE L'ÉPÉE« zu »POÊLE DE L'AIMÉE« geworden ist, sondern beschreibt auch inhaltlich, buchstäblich wie metaphorisch, eine Transmutation: »Haben Sie das Mark des Schwertes schon in den Ofen der Geliebten gelegt?«

Duchamps Sprachspiralen spannen also in doppelter Weise den Bogen von der Sprache zum Körper. Durch die rotierende Bewegung der Buchstaben und die Akzentuierung der Lauthaftigkeit von Sprache machen sie zum einen den Betrachter zum Komplizen, der den Übergang vom Linguistischen zum Physischen an sich selbst ausführen muss, um überhaupt – und sei es nur selektiv – folgen zu können: durch das Drehen des Kopfes und durch das – stille oder laute – Artikulieren der Wörter.

Zum anderen wird dieser Übergang durch die assoziativen Inhalte weitergeführt, die der lesende Betrachter aufschnappt. Die sexuellen Inhalte der Spiraltexte sind zwar nur im Ausnahmefall explizit. Dennoch blitzen diese Inhalte in hinreichend deutlicher Form auf, um bei jeder neuen Scheibe nach dem Übergang vom Nonsens zur Anzüglichkeit zu suchen. Ähnlich wie bei einem Psychoanalytiker werden für den Betrachter des Films damit der Körper und seine Sexualität zum Register, das der Entzifferung von Bedeutungen und Motiven dient.

Brust und Auge

Auf ähnlich suggestive Weise ziehen die gemusterten Drehscheiben den Betrachter in das

(Film-)Kunstwerk hinein: Wir meinen Spiralen zu sehen, die sich vor uns drehend in die Tiefe bohren. Doch bei den rotierenden Mustern, die jeweils vor und nach den Buchstabenscheiben zu sehen sind, handelt es sich keineswegs um Spiralen. Betrachtet man die Scheiben im Stillstand, wird deutlich, dass es sich tatsächlich um kunstvoll arrangierte Kreise handelt (Abb. 10.5).

Diese Kreise sind einerseits analog zu den Buchstaben der rotierenden Sprachspiele zu begreifen. So wie die Buchstaben die Grundbestandteile, sozusagen die Bausteine der gezeigten Sätze und Satzfragmente sind, bilden die versetzt um den Mittelpunkt angeordneten Kreise die Elemente, aus denen sich die visuelle Erfahrung der rotierenden Muster zusammensetzt – ganz so, wie der Film insgesamt aus Einzelbildern besteht. Andererseits erscheinen die Kreise als Entsprechungen zu den Silben, die Duchamp in seinen *contrepèteries* Permutationen unterwirft, um neue Bedeutungen zu erzeugen. Ähnliche Umstellungen erfahren die Kreise auf den gemusterten Scheiben.

Während es bei den Wortspiralen allerdings möglich ist, die fraglichen Texte zu lesen (oder zumindest Teile von ihnen zu entziffern), ist bei den visuellen Schüttelreimen eine Wahrnehmung von Einzelkreisen nicht möglich. Der Spiraleindruck und sein raumschaffender

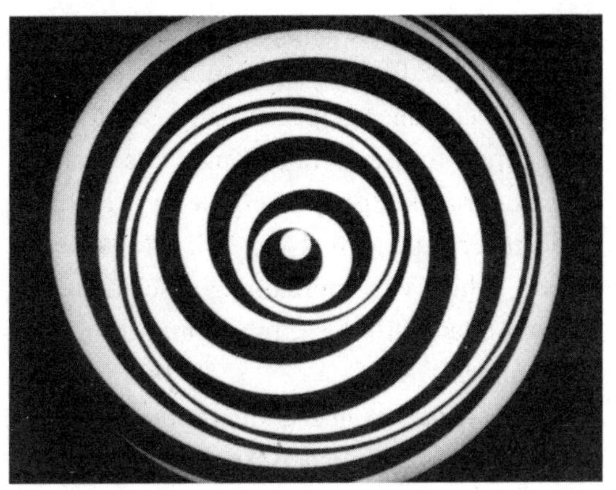

Abbildung 10.5: Marcel Duchamp, Scheibe für *ANÉMIC CINÉMA* mit spiralförmig angeordneten Kreisen.

Effekt stehen ganz im Vordergrund. Der Grundsachverhalt, dem der Betrachter dieser Scheiben ausgesetzt ist, besteht darin, dass durch die Rotation der flachen Platten räumliche Dimensionen eröffnet werden. Wie durch eine *mise en abyme* wird damit der Sachverhalt der kinematografischen Projektion in Szene gesetzt: Auch das Kino beruht auf der Umsetzung von flachen Zelluloidaufzeichnungen in projizierte Bilder, die auf einer Leinwand räumlich wirken.

Besonders deutlich wird dieses Ausgreifen in den Raum bei den ersten sechs rotierenden Mustern. Entlang der sich drehenden Spiralen nehmen sie den Blick regelrecht an die Hand, um ihn in die Tiefe zu geleiten. Die folgenden Scheiben erzeugen dagegen den visuellen Eindruck einer flachen (Halb-)Kugel, die als nach innen oder außen gewölbt erscheint (Abb. 10.6), und am Schluss von *ANÉMIC CINÉMA* entstehen Bilder von ineinander geschachtelten Röhren oder Zylindern, in die man hineinzublicken meint.

Nichts spricht dagegen, die rotierenden Kreise zu ähnlich anzüglichen Anspielungen in der Lage zu sehen, wie die rotierenden Buchstabentafeln mit ihren *contrepèteries*. Doch es reicht nicht aus, unter Bezugnahme auf den visuellen Eindruck, den sie hervorrufen, von einem »Pulsieren« zu sprechen und schon darin einen Rekurs aufs Sexuelle zu erkennen.[115] Als Inszenierung einer »pulsierenden Brust« lassen sich ohnehin nur jene Scheiben begreifen, die in der Mitte des Filmes den Kugeleffekt evozieren.[116]

Geht man von einem allgemeineren Rekurs auf den Körper aus, kann diese gewölbte Form aber ebenso als kreisendes Auge begriffen werden. Ein Symbol der Weiblichkeit, die Brust, würde sich damit als Platzhalter für eines der männlichen Organe *par excellence* erweisen. Damit erfährt die sophistische Doppelung der Urheberschaft von *ANÉMIC CINÉMA*, die explizit einer Frau (Rrose Sélavy) zugeschrieben wird,

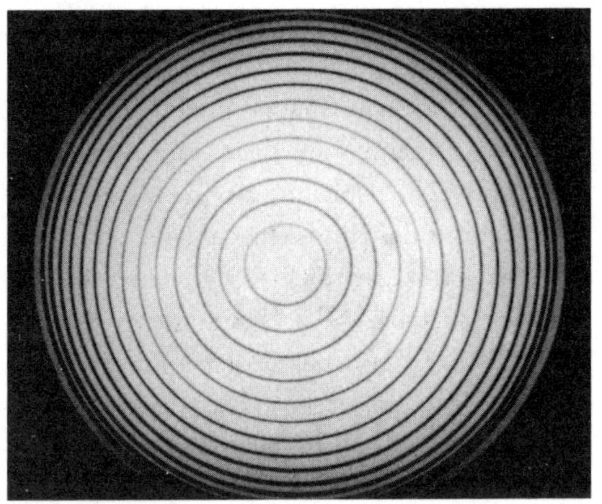

Abbildung 10.6: Marcel Duchamp, Scheibe für *ANÉMIC CINÉMA* mit leicht versetzt angeordneten Kreisen.

implizit aber bei einem Mann (Marcel Duchamp) liegt, eine Bekräftigung im visuellen Register.

Allerdings ist die doppeldeutig gewölbte Form, die die drehenden Kreise in der Mitte des Filmes zeigen, auch unter der Maßgabe zu betrachten, dass *ANÉMIC CINÉMA* ein Film über das Kino ist. Als doppeldeutiger Platzhalter für Brust und Auge würde diese Form eine Art von Kino heraufbeschwören, das sicherlich nicht so anämisch wäre wie die drehenden Scheiben selbst, das aber gleichwohl als rudimentär und fragmentarisch zu begreifen ist. Tatsächlich ist die weibliche Brust aus psychoanalytischer Sicht als *dream screen* beschrieben worden, der während des Stillvorgangs dem frühkindlichen Auge als erste Projektionsfläche dient. Duchamps visuelle Anspielung auf Brust und Auge ließe sich damit als Anspielung auf ein körperliches Minimalpaar des Kinos entschlüsseln.[117]

Folgt man dieser Sichtweise, wären die drehenden Scheiben, die im Schlussteil von *ANÉMIC CINÉMA* röhren- und zylinderförmige Muster erzeugen, nicht einfach nur als phallische Objekte, sondern auch als konkrete Anspielungen auf Kamera- und Projektorenobjektive zu sehen (wozu der Sachverhalt passen mag, dass Duchamp alias Rrose Sélavy eine Filmkamera signiert hat).

Selbst das visuelle Motiv, das für beide Scheibenarten, die gemusterten *und* die beschrifteten, dominant ist – die Spirale –, wäre schließlich als formales Element jener medientechnischen Anordnung wiederzuerkennen, die wir Kino nennen. Es würde auf die Rollen verweisen, auf der die Zelluloidstreifen bei ihrer Belichtung ebenso wie bei ihrer Vorführung spiralförmig auf- und abgespult werden.

Dieser Rekurs auf Medientechnik wird durch den Sachverhalt gestützt, dass das (Film-) Kunstwerk von Duchamp nicht allein die Frage der Räumlichkeit, sondern auch das Problem der Zeitlichkeit thematisiert. Schon durch die schematische Komplexität der gezeigten Figuren und Texte wird der Betrachter auf die Unmöglichkeit gestoßen, den betrachteten Film qua Wahrnehmung in seine Einzelbilder aufzulösen. Der menschliche Wahrnehmungsapparat kann Kinofilme nicht stillstellen, um Einzelheiten in Ruhe zu betrachten.

Die physiologische Trägheit des menschlichen Betrachters, die die körperliche Grundvoraussetzung für die Umsetzung der Einzelbilder in Bewegungseindrücke ist, wird besonders dadurch hervorgehoben, dass die gemusterten Scheiben in der Mehrzahl der Fälle in Gegenrichtung zu den Buchstabenspiralen rotieren. Vom Betrachter fordert der Übergang von einer gezeichneten zu einer buchstabierten Spirale nämlich einen kurzen Moment der körperlichen Anpassung, als ob ein Nachbild beseitigt, ein visueller Drehwurm bewältigt werden müsste. Das Wissen um diese physiologische Schwierigkeit entstand allerdings weitgehend unabhängig vom Kino, in den Experimentalwissenschaften des 19. Jahrhunderts.

Rotierende Scheiben

Auf der Ebene der materiellen Kultur ist das Objekt, das *ANÉMIC CINÉMA* mit dem Bereich der Wissenschaften verbindet, die runde, rotierende Scheibe. In den Laboratorien des 19. Jahrhunderts ist diese Scheibe – ähnlich wie beispielsweise der Zylinder[118] – ein zentraler Bestandteil der experimentellen Praxis in unterschiedlichen Disziplinen. In physikalischen Laboratorien sind solche Scheiben etwa als Bestandteil von sogenannten Influenzmaschinen zur Herstellung von elektrischer Hochspannung anzutreffen. In der verbreitet benutzten Wimshurstmaschine bestehen diese Scheiben typischerweise aus Glas, auf denen fächerförmig Metallstreifen angebracht sind. Ähnliche Glasscheiben wurden im Labor des Physikers dazu benutzt, um zeitlich genau umschriebene Stromimpulse hervorzubringen.[119]

Seit den 1840er-Jahren wurden rotierende Glasscheiben, die zuvor mit Ruß bedeckt worden waren, zur Aufzeichnung der Vibrationen von Stimmgabeln und anderen Gegenständen genutzt, beispielsweise um die Elastizität der Materialien zu prüfen, aus denen die fraglichen Gegenstände bestanden. In physiologischen Experimenten wurden parallel zu Stimmgabelvibrationen auch Muskelzuckungen, Nervenreizungen und andere Körperereignisse auf solchen geschwärzten Scheiben registriert, um sie im Vergleich mit der Anzahl der Stimmgabelvibrationen zeitlich vermessen zu können (Abb. 10.7).[120]

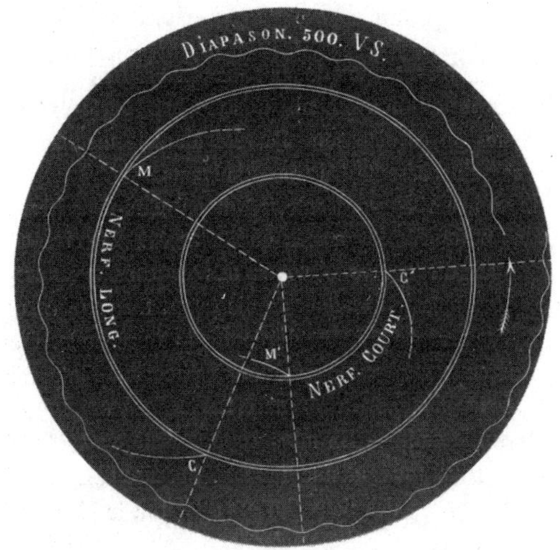

Abbildung 10.7: Rotierende Scheibe, wie sie von dem Physiologen Étienne-Jules Marey zur Aufzeichnung und Messung von physiologischen Zeitsignalen verwendet wurde.

Der Grund für diese vielfältige Verwendung rotierender Scheiben im Labor liegt auf der Hand. Ähnlich wie das Fallen eines festen Körpers oder die Bewegung eines Pendels war die runde Scheibe ein Gegenstand, dessen grundlegende Eigenschaften seit langer Zeit mathematisch formalisiert werden konnten. Darüber hinaus war es möglich, die Funktion dieses Gegenstandes – eben die Rotation – durch Umdrehungszähler und Uhren vergleichsweise einfach und genau zu quantifizieren. Allerdings waren rotierende Scheiben im 19. Jahrhundert nicht allein wichtige Laborakteure der physikalischen und physiologischen Forschung – auch in der Lehre kamen sie zum Einsatz.

So setzten Physiologen wie Jan Evangelista Purkinje und Johann Nepomuk Czermak in den 1860er-Jahren Phenakistiskope und stroboskopische Scheiben ein, um ihren Studenten die Bewegung einzelner Organe, etwa des Herzens, anschaulich vorzuführen.[121] Etwa zur selben Zeit benutzten Physiker in ihren Hörsälen runde Glasscheiben, auf denen azentrische schwarze Kreise markiert worden waren, um durch Drehung dieser Scheiben die Bewegung von Vibrationen modellhaft zu zeigen und an die Wand zu projizieren. Einem Vorschlag des französischen Physikers André Prosper Crova folgend, wurden die unterschiedlich gemusterten Glasscheiben zu diesem Zweck in eine Halterung gesteckt, die oben den Blick auf eine Hälfte der jeweiligen Scheibe freigab.[122]

Bei manueller Drehung der Scheibe ließ sich die Wellenausbreitung im oberen Teil als übergreifendes Phänomen beobachten, während eine schlitzförmige Blende im abgedeckten unteren Teil der Halterung es erlaubte, die Bewegung einzelner Wellen im abgedunkelten Hörsaal an die Wand zu projizieren. Je nach

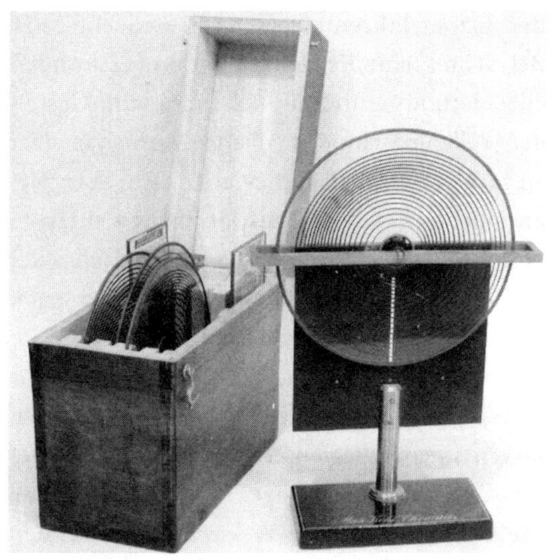

Abbildung 10.8: Projektionswellenmaschine mit rotierenden Glasscheiben samt Aufbewahrungskasten, hergestellt von der Firma Max Kohl (ca. 1903).

Anordnung der Kreise auf der Scheibe konnten auf diese Weise Phänomene wie »die Reflexion des elementaren Stoßes in einer geschlossenen Röhre« oder »die fortschreitende Longitudinalwelle« gezeigt werden (Abb. 10.8).[123]

Nicht nur aufgrund der Nähe dieser Projektionswellenmaschine zur späteren Praxis des Kinos ist es verführerisch, in ihr ein konkretes Vorbild für die rotierenden Scheiben mit Kreismustern zu sehen, die *ANÉMIC CINÉMA* in den 1920er-Jahren so effektvoll in Szene setzt. Betrachtet man die zur Projektion bestimmten Glasplatten nämlich unabhängig vom Gestell der Wellenmaschine (die Platten wurden in einer eleganten Schachtel aufbewahrt – was ebenfalls an Duchamp denken lässt), scheinen einzelne von ihnen über Wölbungen in die Tiefe oder Höhe zu verfügen, erlauben also genau jenen Wahrnehmungssprung vom Flachen ins Tiefe, den auch die rotierenden Scheiben von *ANÉMIC CINÉMA* bewirken. Einzelne Glasplatten lassen sogar Spiralen erkennen, die sich quer über die azentrisch angeordneten Kreise ausbreiten und auf diese Weise ebenfalls in den Raum führen.[124]

In der wissenschaftlichen Praxis des späten 19. und frühen 20. Jahrhunderts dienten rotierende Scheiben also dazu, Elektrizität zu erzeugen, Messungen durchzuführen oder Wellenbewegungen zu veranschaulichen. Darüber hinaus fungierten sie auch bei der Erforschung der menschlichen Wahrnehmung als prominente Laborakteure. In der Tat lassen sich die seit den späten 1870er-Jahren vermehrt entstehenden Laboratorien der Psychologie als regelrechte Arsenale von solchen Scheiben beschreiben, die – sei es mit Handkurbeln, sei es mit umgebauten Nähmaschinen – in Rotation versetzt wurden, um Versuchspersonen

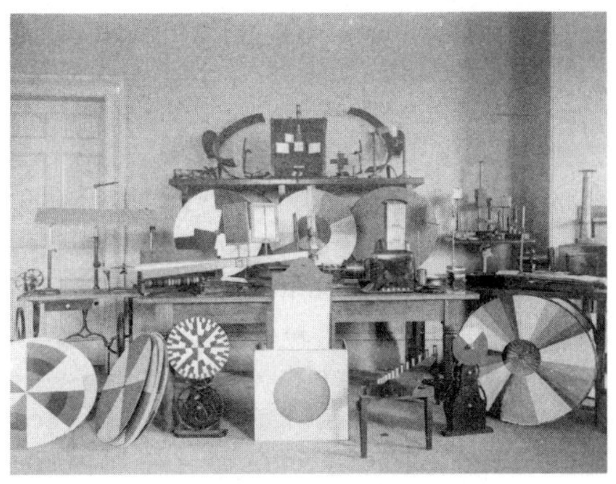

Abbildung 10.9: Sammlung von Instrumenten für die experimentalpsychologische Untersuchung des Sehsinns im Laboratorium von Hugo Münsterberg an der Harvard Universität (1893).

optische Effekte der unterschiedlichsten Art darzubieten: vor allem Farbmischungen, aber auch Mischungen von schwarzen und weißen Segmenten, die die Ausprägung von besonderen Mustern wie etwa den Machschen Bändern zeigten (Abb. 10.9).

Auch die zeitlichen Aspekte der menschlichen Wahrnehmung wurden mithilfe von rotierenden Scheiben untersucht, so etwa beim »Lichtunterbrechungsapparat«, der in den frühen 1870er-Jahren im Heidelberger Labor des Physiologen Hermann von Helmholtz entwickelt und benutzt wurde. Bei diesem Apparat dienten zwei miteinander verkoppelte Metallscheiben dazu, visuelle Reize kurzzeitig darzubieten, um die »zu einer Gesichtswahrnehmung nöthige Zeit zu bestimmen«.[125] Für diesen Zweck waren die beiden Scheiben an ihrem Rand mit kleinen Aussparungen versehen. Auf einer gemeinsamen Achse angebracht, konnten sie mithilfe eines Zahnradmechanismus in ihren Umdrehungen so miteinander kombiniert werden, dass sie in variablen, aber genau umschriebenen Zeitintervallen den durch ein Linsensystem auf bestimmte Objekte gelenkten Blick freigaben.

Zeit der Spirale

Das Interesse an der Zeitlichkeit visueller Wahrnehmungen ist allerdings nicht erst im 19. Jahrhundert aufgekommen. Tatsächlich markieren weder Goethes und Purkinjes Beschäftigung mit Nachbildern noch die Untersuchungen über die Wahrnehmung von Bewegungen, die seit den 1830er-Jahren von Wissenschaftlern wie Mark Roget, Michael Faraday und Joseph Plateau mit rotierenden Rädern und Scheiben durchgeführt wurden, den Anfang dieser Art von Forschung.[126] Vielmehr stellen sie die Neuaufnahme früherer Studien desselben Gegenstands im wissenschaftlichen Kontext einer veränderten materiellen Kultur dar. Die experimentelle Untersuchung der Zeitverhältnisse, die für Prozesse der Empfindung und Wahrnehmung charakteristisch sind, ist in anderen Kontexten und mit anderen Techniken schon deutlich früher in Angriff genommen worden – allerdings wiederum unter Einbeziehung von Scheiben und anderen rotierenden Objekten.

So veröffentlichte etwa Patrice d'Arcy, ein aus Irland stammender Mathematiker und Physiker mit besonderem Interesse für die Geschwindigkeitsphänomene der Elektrizität und Ballistik, bereits 1765 eine Abhandlung über die Dauer der Gesichtsempfindungen.[127] D'Arcy berichtet darin über seine experimentelle Arbeit mit kreisförmigen, rotierenden Scheiben und großen Holzkreuzen, die auf Achsen montiert und in Drehung versetzt werden konnten. Ähnlich wie beim hundert Jahre später entwickelten Lichtunterbrechungsapparat von Helmholtz war der Rand der rotierenden Scheibe dabei an einer Stelle mit einem Loch versehen, durch das, bei ausreichender Drehgeschwindigkeit, ein Beobachter ein entfernt aufgestelltes Objekt ohne spürbare Unterbrechung sehen konnte. Gleichsam im Gegenzug platzierte d'Arcy am äußeren Rand seines rotierenden Holzkreuzes ein Stück glühender Kohle, das sich bei schneller Rotation des Kreuzes in der Dunkelheit für einen entfernten Beobachter in einen leuchtenden Kreis verwandelte.

Das Beispiel des durch ein rotierendes Kohlestück hervorgebrachten »Feuerkreises« wurde in David Humes *Traktat über die menschliche Natur* erörtert, hatte aber schon um 1700 in Newtons *Optik* und Bayles *Dictionnaire historique et critique* Erwähnung gefunden.[128] D'Arcy übersetzte dieses Beispiel in ein experimentelles Verfahren, das für das Andauern einer Gesichtsempfindung Werte zwischen 8 und 9 Terzen, also 0,133 und 0,15 Sekunden erbrachte.[129] Analog dazu sind die späteren Untersuchungen von Roget, Faraday und Plateau, die ebenfalls der Frage der temporalen Persistenz von visuellen Wahrnehmungen galten, als Übersetzung, d. h. als modifizierende Materialisierung dieses klassischen Beispiels zu begreifen.

Plateau ist in diesem Zusammenhang von besonderem Interesse, weil er die von ihm so genannte »*persistance des impressions*« nicht nur mit dem Phenakistiskop untersuchte, sondern auch mit rotierenden Spiralscheiben.[130] Eine dieser Scheiben war mit vier unterschiedlich farbigen konzentrisch angeordneten Kreisen versehen, über die sich eine schmale weiße Spirale von innen nach außen schlängelte. Während der Rotation betrachtet, zeigte diese Scheibe, »wie eine Folge von weißen Ringen [...]

einer nach dem anderen am Rande des [innersten] schwarzen Kreises entstehen, schrittweise an Durchmesser gewinnen« und sodann die anderen Kreise durchqueren, um am Rand der Scheibe zu enden.[131] Die Spirale scheint also »von einer Bewegung der Übersetzung, der Verschiebung [*translation*] in der Drehrichtung der Achse«,[132] auf der die Scheibe montiert ist, belebt zu sein – »animé« heißt es bei Plateau wörtlich, was retrospektiv und bewusst anachronistisch auch als eine anagrammatische Anspielung auf Duchamps ANÉMIC gelesen werden kann.

Auf einer anderen von Plateaus Scheiben war auf schwarzem Grund eine dünne, weiß gezeichnete Spirale zu sehen (Abb. 10.10). In seinem Aufsatz schlägt der belgische Forscher vor, diese Scheibe mit nicht unerheblicher Geschwindigkeit zu drehen – das Optimum liegt ihm zufolge bei sechs bis sieben Umdrehungen in der Sekunde – und die Augen dann auf den Mittelpunkt der Spirale zu fixieren. Wieder sieht der Betrachter »Ringe« von innen nach außen wandern. Aufgrund der Schmalheit der Spiralspur fällt dieser Effekt allerdings weniger deutlich aus als im ersten Versuch.

In einem weiteren Schritt weist Plateau den Betrachter an, im Anschluss an die einige Momente währende Beobachtung der weißen Spirale die Augen »unmittelbar« auf irgendein

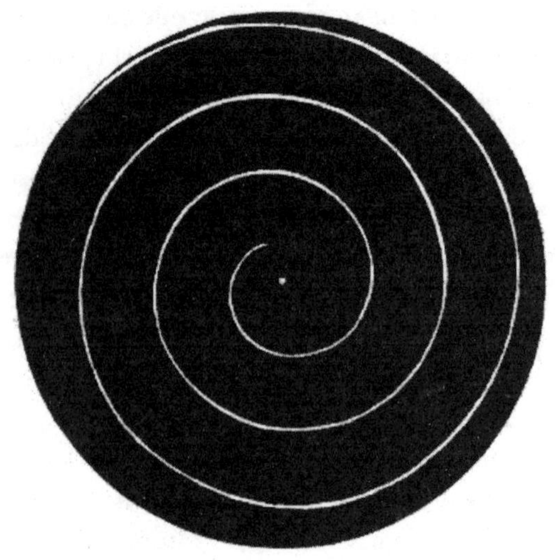

Abbildung 10.10: Muster für die Spiralscheibe, die Plateau in seinen Experimenten über das Fortdauern der Eindrücke auf der Retina verwendet hat.

anderes Objekt zu richten – zum Beispiel das Gesicht einer Person. Dann sei man mit der Ausprägung eines »einzigartigen Effekts« konfrontiert: »Der Kopf der Person wird sich während einer gewissen Zeit drehen und dabei kleiner werden.« Plateau fährt fort: »Wenn man die Scheibe in die andere Richtung dreht, wird der sich einstellende Effekt gegenteilig sein: das heißt, dass der Kopf der Person sich drehen und dabei größer werden wird.«[133] Plateau zufolge handelt es sich um eine durchaus »bizarre Täuschung«. Eine seiner Versuchspersonen habe sogar aufgeschrien, weil sie so überrascht gewesen sei, seinen, Plateaus, Kopf ganz enorm wachsen zu sehen.[134]

Die Erklärung, die Plateau für diese Illusion anbietet, greift das in seinen früheren Arbeiten formulierte »Prinzip der Oszillation von Eindrücken« auf. Jedes Organ habe die Tendenz, die Empfindung einer Bewegung zu vermitteln, die gegensätzlich zu der ist, von der es einen längeren Eindruck empfangen habe: »Wenn ein Organ einer längeren Erregung ausgesetzt ist, setzt es dem einen Widerstand entgegen, der *mit der Dauer* dieser Erregung zunimmt.«[135] Demnach ist Zeit ein entscheidender Faktor der von Plateau beschriebenen Spiraltäuschung. Die Reizung wird im jeweiligen Sinnesorgan ähnlich wie in einer aufgezogenen Feder gespeichert. Gegenüber neuen Reizungen macht sich diese Speicherung dann als gegenläufiger Widerstand bemerkbar.

Bewegungsnachbilder

Zweifellos verbleibt die Erklärung von Plateau im Theoretischen und Spekulativen. Allerdings wird die von ihm beschriebene Täuschung noch heute in den Laboratorien der Neurophysiologie und der Hirnforschung untersucht. Schon die experimentelle Physiologie des späteren 19. Jahrhunderts hat aber erste Schritte hin zu einer konkreten Erklärung des Spiralphänomens unternommen. 1867 versuchte Helmholtz in seinem *Handbuch der physiologischen Optik* diesen Effekt durch die unbewusste Fortsetzung jener Augenmuskelbewegungen zu erklären, die für die Betrachtung der Spirale erforderlich gewesen waren.[136] Dieser Erklärung hielt William James 1890 in seinen *Principles of Psychology* entgegen, dass Bewegungen des Auges nur Erscheinungen von Bewegungen erklären könnten, die innerhalb des gesamten Sehfelds gleichförmig auftreten. Dies sei beim Betrachten einer Spirale und dem anschließenden Betrachten einer Wand aber durchaus nicht der Fall: »Das *Zentrum* des Sehfelds schwillt an oder zieht sich zusammen, am Rand geschieht das Gegenteil oder gar nichts.«[137]

In dieselbe Richtung zielt die Auseinandersetzung mit der Spiraltäuschung, die sich etwa zeitgleich bei dem Helmholtz-Schüler Sigmund Exner findet. Exner war Ende der 1860er-Jahre durch die Untersuchungen hervorgetreten, die er im Heidelberger Labor von Helmholtz über die Zeitverhältnisse der menschlichen Wahrnehmung durchführte (Exner war es, der in diesem Zusammenhang den Begriff »Reaktionszeit« prägte). Nach seiner Rückkehr nach Wien legte er 1894 den *Entwurf zur physiologischen Erklärung der psychischen Erscheinungen* vor – eine Abhandlung, die in mehr als einer Hinsicht als Parallelunternehmen zu dem von Sigmund Freud – mit dem er zeitweilig im gleichen Labor gearbeitet hatte – vorgelegten »Entwurf einer Psychologie« zu verstehen ist.[138] Exner gelang es auch, die Spiraltäuschung und die in diesem Zusammenhang eingesetzten Instrumente mit seinem Eigennamen zu assoziieren. In der Tat stehen bis in die heutige Zeit Begriffe wie »Exner-Spirale« oder »Exner-Scheibe« für die Erfahrung, dass die Betrachtung einer rotierenden Scheibe mit aufgezeichneter Spirale ein Bewegungsnachbild hervorruft. Die Instrumente, die in den 1910er- und 1920er-Jahren im Anschluss an Exner zur Untersuchung dieser Erfahrung entwickelt wurden, ähneln der *Rotative demi-sphère* von Duchamp auf durchaus frappierende Weise (Abb. 10.11 und 10.12).

»Bewegungsnachbild«, so lautet der Begriff, den Exner 1889 – also vor Aufkommen des Kinos – in seinem Aufsatz *Über optische Bewegungsempfindungen* benutzt, um die von Plateau beschriebene Erfahrung einer tentativen physiologischen Erklärung zuzuführen. Zunächst beschreibt der Wiener Physiologe das

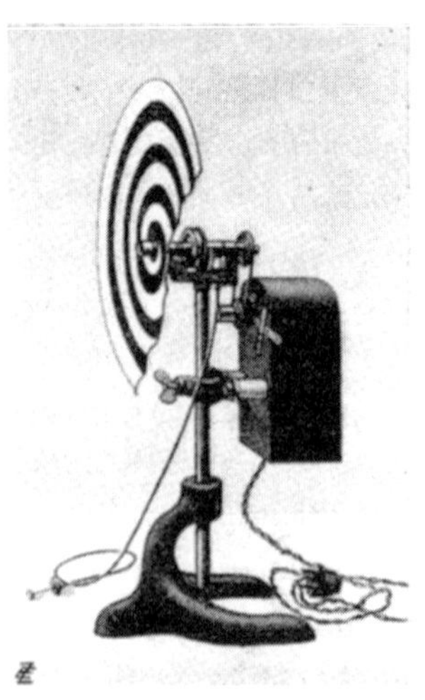

Abbildung 10.11: Rotationsapparat für Exner-Scheibe. (Um die Details des Antriebs erkennbar zu machen, ist die kreisförmige Scheibe nicht vollständig abgebildet.)

infrage stehende Phänomen: »Dreht man eine Scheibe, auf welcher eine Spirale so gemalt ist, dass sie vom Zentrum ausgehend in Bogenabschnitten von stetig zunehmendem Radius das Zentrum mehrmals umkreist, in der einen Richtung um ihre Axe, so erhält man den Eindruck von im Mittelpunkt auftauchenden und der Peripherie zuschwellenden Kreisen. Fixiert man eine solche Scheibe eine Reihe von Sekunden und hält sie dann plötzlich fest, so scheinen die Kreise die entgegengesetzte Bewegung zu machen, sie schrumpfen nach dem Zentrum zusammen.«[139]

Dann hebt Exner die zeitliche Struktur dieser Erfahrung hervor: »Die Täuschung dauert einige Sekunden lang fort. Wenn man, nachdem man sein Auge durch die Bewegungs-Empfindung gereizt hat, dasselbe nach einem anderen Gegenstande richtet, z. B. nach einem Gesichte, so erscheint dieses Gesicht verzerrt, es scheint zu schwellen oder zu schrumpfen.«[140] Exners Beschreibung erinnert hier deutlich an den Bericht von Plateau, den er allerdings nicht zitiert.

In einem weiteren Schritt thematisiert Exner dann die Rolle der Muskelbewegungen bei dieser »recht frappanten« Täuschung. Implizit widerspricht auch er dabei der von Helmholtz vorgeschlagenen Erklärung. Wie James erklärt er, dass die »Irritierung der Netzhaut [...] auf den Teil derselben [beschränkt ist], auf dem sich das Bewegungsbild befand, und es widerlegt sich hiedurch die Anschauung, dass diese Bewegungsbilder auf unwillkürlich ausgeführten Bewegungen der Augenmuskeln beruhen.«[141]

Abschließend skizziert Exner seinen eigenen Erklärungsansatz. Für ihn beruhen die »negativen Nachbilder von Bewegungsempfindungen« – die »Scheinbewegungen«, wie er auch sagt – auf einer »subkortikalen Verarbeitung

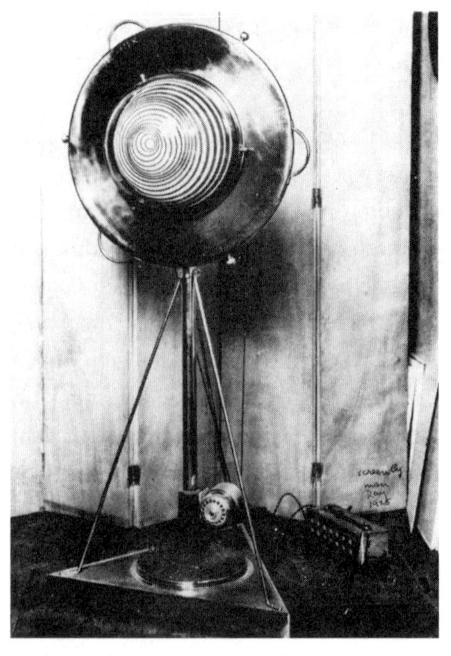

Abbildung 10.12: Marcel Duchamp, *Rotative demi-sphère* (1925).

sensorieller Eindrücke, die von der Peripherie kommen und nach dieser Verarbeitung schließlich dem Organe des Bewusstseins zugeführt werden«.[142]

Demnach werden Bewegungen nicht einfach durch die sukzessive Wahrnehmung eines Objekts an unterschiedlichen Orten erschlossen, etwa indem die dafür jeweils erforderlichen

Muskelbewegungen unbewusst verrechnet werden (diese Erklärung legte Helmholtz' Theorem der »unbewussten Schlüsse« nahe);[143] vielmehr gibt es eine genuine Bewegungsempfindung, die im fraglichen Falle von der »Alteration der Netzhaut« abhängt, die zu durchaus eigenständigen Empfindungen führt, welche sich weitgehend unabhängig von zentralen Prozessen ausprägen. Pointiert gesagt: Die Entstehung der Bewegungsnachbilder findet schon an der Retina statt, nicht erst durch die Schlussfolgerungen, die das Bewusstsein sozusagen aus den Muskelbewegungen zieht.

Das wäre der sophistische Punkt einer ebenso medienwissenschaftlich wie wissenschaftsgeschichtlich orientierten Auseinandersetzung mit Duchamps (Film-)Kunstwerk von 1926. Während Duchamp selbst sich immer wieder abfällig über die »retinale Kunst« geäußert hat, lässt sich im Anschluss an den Experimentalphysiologen Sigmund Exner konstatieren, dass mit *ANÉMIC CINÉMA* eine genuin retinale Kunst ins Werk gesetzt wird. Durch rotierende Scheiben erzeugt der Film intensive Bewegungsnachbilder, deren Entstehung von der Experimentalphysiologie in der Netzhaut des Auges lokalisiert wird.

Die materielle Kultur, in der *ANÉMIC CINÉMA* entstanden ist, verfügt über konkrete Verbindungen zu den Experimentalwissenschaften des späten 19. und frühen 20. Jahrhunderts. Rotierende Scheiben mit aufgedruckten, azentrischen Kreisen wurden seit den 1860er-Jahren in der Physik verwendet, um exemplarische Wellenbewegungen im Hörsaal an die Wand zu projizieren. Tatsächlich zeigen schon die Glasscheiben, die in Crovas »Projektionswellenmaschine« eingesetzt wurden, jene räumliche Wahrnehmungswirkung, die für *ANÉMIC CINÉMA* und die später entstandenen *Rotoreliefs* charakteristisch sind.

Ungefähr zur selben Zeit begann die physiologische Forschung, rotierende Scheiben mit Spiralmustern einzusetzen, um die visuelle Wahrnehmung des Menschen im Labor zu untersuchen. Um 1850 beschreibt Plateau, wie die Betrachtung von rotierenden Spiralen zu einer optischen Täuschung führt, bei der die Bewegung der betrachteten Spirale nach kurzer Zeit auf andere Wahrnehmungsgegenstände (Gesichter, Wände usw.) übertragen wird.

Damit wurde die Zeit des Körpers konkret erfahrbar. An dieser Stelle sorgte sie dafür, dass der Betrachter der Spirale sich nicht allein als

Konsument, sondern ebenso als Produzent von Bildern erlebt. Lange bevor Duchamp dies ausdrücklich thematisieren sollte, zeigen die Bewegungsnachbilder von *ANÉMIC CINÉMA* den Betrachter in der Rolle des aktiven Teilhabers am kreativen Prozess.[144]

Duchamps Film führt also – so wäre dieser Befund zu resümieren – Komponenten aus der experimentellen Praxis von Physik und Physiologie zusammen, um Kino als körperfundiertes Ereignis in der Zeit greifbar zu machen. *ANÉMIC CINÉMA* zeigt, wie Kino mithilfe von Durchsichtigkeiten und Schnitten, durch den Aufbau von Bildern und Texten aus Einzelelementen sowie nicht zuletzt über Projektionen und Introjektionen eine besondere Form des Raums *und* der Zeit erzeugt, die in ihrem Kern dadurch charakterisiert ist, den menschlichen Körper buchstäblich mit sich zu reißen.

11. Eine vielsagende Stummheit

»Gerät« ist ein schönes altes Wort. Es leitet sich aus dem germanischen Verb »raten« ab und steht insofern mit »Rede« und *»to read«* in Verbindung. »Raten« im alten Sinn bedeutet »überlegen« und »ersinnen«, aber auch »sich kümmern«, »vorsorgen« und »gedeihen«. Von daher die schillernde Bedeutung von »Gerät« im Althochdeutschen: einerseits »Beratung«, »Fürsorge« und »Heil«, andererseits »Vorrat« und »Ausrüstung«.

In dieser Fassung ist »Gerät« immer auf ein Kollektiv bezogen, ähnlich wie beim verwandten Ausdruck »Hausrat«. Es bezieht sich auf die im Gottesdienst benutzten Gegenstände (Kelche, Leuchter etc.), die Ausstattung von Schiffen und Heeren oder die Ausrüstung einzelner Krieger und Reisender (Gepäck, Waffen etc.). Erst im Neuhochdeutschen fungiert »Gerät« nicht mehr nur als Sammelbegriff, sondern beginnt, einzelne Gegenstände zu bezeichnen, typischerweise einzelne Werkzeuge des Künstlers, des Handwerkers und des Bauern (Spaten, Schaufel, Hacke etc.).[145]

Vielleicht ist so zu erklären, weshalb sich dieses Wort mittlerweile auf dem Rückzug befindet: Zwar haben sich Ausdrücke wie »Gartengerät«, »Küchengerät« oder »Elektrogerät« gehalten, auch die Rede vom »Fernsehgerät« scheint noch vertraut; die Verwendung dieser Ausdrücke bleibt jedoch an die Welt des Haushalts gebunden. Sobald es um Technik im öffentlichen Raum geht – um die Infrastrukturen des Verkehrs und der Kommunikation, um Fabriken, Kinos oder Waschanlagen, um Forschungslaboratorien und Prüfanstalten –, wird anders, aber vielleicht nur scheinbar zeitgemäßer gesprochen. Dann ist von »Verfahren« und »Technologien« die Rede, oder es werden Markennamen, Eigennamen und Abkürzungen verwendet, etwa iPhone, GPS oder Magnetresonanztomograf (MRT). Sämtliche Verbindungen zur Vorstellung der Beratung, der Fürsorge oder gar des Heils erscheinen damit als gekappt.

Die neuere Wissenschafts- und Technikforschung hat diesem Trend kaum etwas entgegenzusetzen. Zwar haben sich Soziologen und Historiker in den letzten zwanzig Jahren verstärkt für die »materielle Kultur« interessiert, in denen sich Prozesse der technowissenschaftlichen Innovation abspielen. Doch bis heute bleiben Untersuchungen zu einzelnen Geräten die Ausnahme in diesem Forschungsfeld. Und wo sie anzutreffen sind, orientieren sie sich – ähnlich wie die Alltagssprache – zumeist an etablierten Eigennamen: etwa Tachistoskop oder Liquid Scintillation Counter.[146]

Zudem sträuben sich viele Soziologen immer noch, neben der Sphäre der menschlichen Beziehungen den Bereich der Technik als eigenständigen Forschungsgegenstand zu akzeptieren, und die meisten Historiker ziehen es weiterhin vor, sich in die Papierwelt der Archive zu begeben, anstatt sich in Museen und anderen Sammlungen darauf einzulassen, mit stummen Dingen konfrontiert zu werden.

Immerhin gibt es die wegweisenden Arbeiten von Peter Galison, der seine Geschichte der Teilchenphysik explizit als eine »Geschichte der Maschinen« konzipiert und sich tatsächlich auf die Einzelheiten physikalischer Instrumente und Architekturen eingelassen hat.[147] Und immerhin gibt es Bruno Latour, der mit seiner Rede von den »Einschreibevorrichtungen« (*inscription devices*) zumindest auf die Bedeutung jenes Raums aufmerksam gemacht hat, der in der wissenschaftlichen Praxis *zwischen* den Texten und den Dingen liegt. Mit Blick auf ebendiesen Zwischenraum erläutert Latour sein Konzept: »Instrument (oder Einschreibevorrichtung) werde ich jeden Aufbau nennen, egal wie seine Größe, Beschaffenheit und Kosten sind, der irgendeine visuelle Anzeige in einem wissenschaftlichen Text hervorbringt.«[148]

Unabhängig von ihrer konkreten Beschaffenheit ist eine Einschreibevorrichtung (*inscripteur*, wie es im Französischen bündig heißt) demnach diejenige Instanz, die uns von einer wissenschaftlichen Veröffentlichung zu dem zurückführt, was diese Veröffentlichung buchstäblich trägt – »[…] von den zahlreichen Ressourcen, die im Text mobilisiert werden, bis zu den noch zahlreicheren Ressourcen, die mobilisiert werden, um die visuelle Anzeige in den Texten zu bewerkstelligen«.[149]

Die stummen Geräte, die in einem Labor zum Einsatz kommen, werden damit allerdings auf Distanz gehalten. Zwar enthält auch das Wort »Instrument« einen Hinweis darauf, dass die Dinge nicht einfach schweigen, sondern gerade in ihrer Stummheit geeignet sind, uns zu »instruieren«, also »in Kenntnis zu setzen«, zu »unterweisen« oder eben zu »beraten«. Aber durch die Gleichsetzung von »Instrument« und »Einschreibevorrichtung« (dem von Latour bevorzugten Begriff) verschiebt sich der Fokus wieder – einerseits von der Beratung durch die Dinge zu einer von Personen getroffenen Unterscheidung (denn das englische *device* geht auf das französische *devise* zurück und bedeutet eigentlich »Teilung«, »Testament«, »Absicht«, »Plan«) und andererseits vom Problem der konkreten Materialität hin zur Frage der visuellen Referenz.

Letztlich denkt Latour nämlich von Texten her. Auch deswegen muss für ihn die Verbindung zwischen der Abbildung in einer wissenschaftlichen Veröffentlichung und dem jeweils zugehörigen Raum des Wissens nicht durch Geräte vermittelt werden. Diese Vermittlung kann ebenfalls durch eine Verkettung von Zetteln, Bildern und Karten bewerkstelligt werden, wie es Latour mit Blick auf die Bodenforschung verdeutlicht hat.[150] Umgekehrt kann im Zweifelsfall sogar ein ganzes Segelboot, das mit dem Auftrag unterwegs ist, eine noch unbekannte Insel zu vermessen, als Instrument oder Einschreibevorrichtung fungieren.[151] Latours Soziologie geht es also nicht um Geräte *per se*. Im Vordergrund steht deren Rolle als Vermittler, als Übersetzer.

Der hier deutlich werdenden Schwierigkeit, den Dingen *als Dingen* (und nicht als Einschreibungen) näherzukommen, begegnet die Wissenschafts- und Technikforschung in jüngerer Zeit mit vergleichsweise ungewöhnlichen Maßnahmen. Statt sich auf einen intensiveren Dialog mit den museumsbasierten *Instrument Stu-*

dies einzulassen, statt zu versuchen, gemeinsam mit Technikhistorikern und Medienwissenschaftlern die Geräte in detaillierte Beschreibungen und überzeugende Argumentationen einzubinden, wird an die Dinge selbst Hand angelegt. So hat Latour den Raum des Museums betreten, um durch eine Reihe von Ausstellungen die materielle Kultur der Wissenschaft (und die der Kunst, der Religion usw.) gewissermaßen für sich sprechen zu lassen. Peter Galison wechselte zeitweise sogar ganz ins Lager der Kunst über – durch seine Kooperation mit dem Filmemacher und Animationskünstler Robb Moss (*Secrecy*, *Containment*) ebenso wie durch die bemerkenswerte Installation *The Refusal of Time*, die er zusammen mit William Kentridge auf der *documenta 13* vorstellte.[152]

Wahrscheinlich sind es heute wirklich eher Kuratoren und Künstler, die über jenes Material und jene Ausdrucksformen verfügen, die in der neueren Wissenschafts- und Technikforschung über Slogans wie »Eigenleben des Experiments« oder »Geschichte der Dinge« immer wieder heraufbeschworen wurden. Ob und wie sich entsprechende Installationen und Expositionen allerdings einen Weg in die wissenschaftlichen Diskurse bahnen, wird abzuwarten sein. Vielleicht bleibt es bei den abrupten Gesten des Ausstellens, die zeigen, dass ein Gerät ein Gerät ist. Vielleicht ist es aber auch die vergleichsweise neue Richtung der *Research Creation*, die eine dauerhafte Brücke zwischen künstlerischen und wissenschaftlichen Praktiken schlagen wird.

Auf den Beistand der Theorie wird man sich bei diesem Brückenschlag derzeit leider nicht verlassen können. So ist die enorme Bedeutung der Maschinenphilosophie von Gilles Deleuze und Félix Guattari für die heutige Wissenschafts- und Technikforschung bislang kaum erschlossen worden – wahrscheinlich auch deshalb nicht, weil im zweiten Band von *Kapitalismus und Schizophrenie* der Begriff der Maschine durch den sicherlich beziehungsreicheren, aber insgesamt weniger prägnanten Begriff des Gefüges (*agencement*) ersetzt worden ist.[153]

Die Theorie des technischen Objekts, die von Gilbert Simondon vorgelegt wurde,[154] besticht zwar durch ihre quasi empirische Auseinandersetzung mit dem Innenleben von Verbrennungsmotoren, Fernsehgeräten und Telefonapparaten, ist aber kaum von dem überaus spekulativen Projekt einer allgemeinen Theorie der Individuation zu trennen, an der deutlich und vielleicht allzu deutlich das optimistisch-harmonische Gepräge der 1950er-Jahre klebt.

So bleibt die Technikphilosophie Martin Heideggers. Ähnlich wie die Soziologie Latours ist sie ebenfalls nicht auf das Problem der Produktion ausgerichtet, sondern kreist um die Frage der Auslegung. Das Wort »Gerät« hat Heidegger in seinen Schriften allerdings oft gemieden. Fast möchte man sagen, er habe es absichtlich vermieden – zu offenkundig wäre sonst die Verbindung zwischen dem Zeug und der Sorge geworden, zu sehr hätte sich schon damit sein Hölderlin'sches Technikmantra aufgedrängt, demzufolge dort, wo Gefahr ist, auch das Rettende wächst (»Gerät« im Sinne von »Ratschlag« oder »Heil«).[155]

Auf diese Leerstelle hingewiesen zu haben, ist das Verdienst von Günther Anders. Schon die Techniktheorie des frühen Heidegger war für Anders nur »pseudo-konkret«. Das Zeug, von dem in *Sein und Zeit* die Rede ist, bildet ihm zufolge immer nur eine »simple, übersehbare Funktionseinheit« zwischen einer einzelnen Person und einem einzelnen Werkzeug ab: »Aber wie steht es mit der Anwendung [...] auf heutige Geräte? ›Erschließen‹ sich moderne Maschinen wirklich durch ihre Bedienung? [...] Die Entfremdung, die gerade durch die angeblich ›aufschließenden‹ Geräte produziert wird, ist ihm [Heidegger] fremd.«[156]

Das ist die feine Ironie der Heidegger-Kritik von Anders: Im Namen des heute üblicherweise an die Welt des Haushalts gebundenen Worts

»Gerät« wird bei ihm gegen die Haushaltszentrierung der Heidegger'schen Zeuganalysen polemisiert. Nach Anders können diese Analysen nur Gültigkeit für eine Welt beanspruchen, die von der »ländlichen Schusterwerkstatt« geprägt ist.

Im Gegenzug avanciert »Gerät« in Anders' technik- und medienphilosophischen Schriften zur Chiffre für jene Maschinen, die die gegenwärtige Gesellschaft prägen – und zwar buchstäblich, ganz im Sinne des fraglichen Wortes. Besonders in *Die Antiquiertheit des Menschen* wird »Gerät« zu dem Begriff, der auf präzise Weise die problematische Funktion der Unterweisung, der »Fürsorge« charakterisiert, die der gegenwärtigen Technik eigen ist: »Was uns prägt und entprägt, was uns formt und entformt, sind eben nicht nur die durch die ›Mittel‹ vermittelten Gegenstände, sondern die Mittel selbst, die Geräte selbst: die nicht nur Objekte möglicher Verwendung sind, sondern durch ihre festliegende Struktur und Funktion ihre Verwendung bereits festlegen und damit auch den Stil unserer Beschäftigung und unseres Lebens, kurz: uns.«[157]

Solche Überlegungen münden bei Anders nicht nur in die berühmt-berüchtigten Zuspitzungen seiner Philosophie der Übertreibung. Sie setzen sich auch in einer Theorie des Bildes fort, die für die heutige Auseinandersetzung mit den *imaging technologies* noch wichtig erscheint.

Mit Anders lässt sich nämlich daran erinnern, dass diese Technologien nicht nur den Raum, sondern auch die Zeit erfassen und durchdringen. So zielt das Fernsehen, das für Anders prototypische »Gerät«, vor allem auf eine Synchronisierung zwischen der Abbildung und des von ihm Abgebildeten ab. Durch die technisch-mediale Herstellung des »Live«, der Echtzeit, partizipiert das TV-Gerät an der übergreifenden Tendenz von Wirtschaft und Wissenschaft, die Welt zu »verbiedern« – das Entfernteste in nächste Nähe zu bringen, das Fremdeste als vertraut erscheinen zu lassen und damit letztlich den Unterschied zwischen Lokalem und Globalem zu verwischen.

Mit der Synchronisierung von Bild und Abbild kollabiert Anders zufolge aber auch die eigentliche Seinsweise, die dem Piktorialen eigen ist. Durch die Vergleichzeitigung mit dem Abgebildeten rückt das Bild in eine Sphäre *zwischen* Sein und Schein. Das Bild wird damit zu einem »Phantom«, dessen Wirkungen auf unser Erfahren und Verhalten umso tiefgreifender sind.

Neben der Ausrichtung auf die vielsagende Stummheit einzelner Maschinen und Medien sind es solche Überlegungen, die es nahelegen, auf das schöne alte Wort »Gerät« zurückzukommen – in der historischen und soziologischen Auseinandersetzung mit den Wissenschaften *und* den Künsten.

Abbildungsnachweise

1.1 Félix Guattari, *Cartographies schizoanalytiques*, Paris: Galilée, 1989, S. 164.

1.2 François Dosse, *Gilles Deleuze et Félix Guattari. Biographie croisée*, Paris: La Découverte, 2007, Bildteil (zwischen S. 320 und S. 321).

1.3 Joseph Beuys, *Kunst = Kapital. Achberger Vorträge*, Wangen: FIU Verlag, 1992, S. 27.

1.4 Klaus Staeck (Hrsg.), *Honey is flying in all directions. Joseph Beuys fotografiert von Gerhard Steidl*, Göttingen: Steidl, 1997, ohne Paginierung (S. 83).

2.1–2.3 Klaus Weber, *Unfold - You Cul de Sac*, Frankfurt am Main: Revolver - Archiv für aktuelle Kunst, 2004, S. 46–49, 52.

3.1 Arturo Schwarz, *The Complete Works of Marcel Duchamp*, Third Revised and Expanded Edition, Vol. 2, New York: Delano Greenidge Editions, 1997, S. 336.

3.2–3.3 Protokoll der Sitzung der Académie des Sciences, Paris, vom 1. September 1851. © Académie des Sciences - Institut de France.

5.1–5.3 Sven Dierig und Thomas Schnalke (Hrsg.), *Apoll im Labor. Bildung, Experiment, Mechanische Schönheit*, Berlin: Medizinhistorisches Museum der Charité, 2005, S. 44, 50 f.

7.1 Johann David und Carl Stein, »Umgebung von Triest, Capo d'Istria nebst Zeichenerklärung«, in:

Karte des Königreichs Illyrien und des Herzogthums Steyermark nebst dem Königlich Ungarischen Littorale, Wien: Topographisches Bureau Österreich, 1842, Blatt 28.

8.1–8.2 Étienne Souriau, »Passé, présent, avenir du problème de l'esthétique industrielle«, *Revue d'esthétique* 4 (1951), S. 226–251, Tafel III–IV.

8.3 Gilbert Simondon, *Du mode d'existence des objets technique* [1958], 3. Aufl., Paris: Aubier, 1989, Tafel IV.

10.1–10.2 Arturo Schwarz, *The Complete Works of Marcel Duchamp*, Third Revised and Expanded Edition, Vol. 2, New York: Delano Greenidge Editions, 1997, S. 715.

10.3 Marcel Duchamp, *Notes*, Préface Pontus Hultén, Présentation et Traduction Paul Matisse, Paris: Centre National d'Art et de Culture Georges Pompidou, 1980, S. 189.

10.4–10.6 Arturo Schwarz, *The Complete Works of Marcel Duchamp*, Third Revised and Expanded Edition, Vol. 2, New York: Delano Greenidge Editions, 1997, S. 710, 712 f.

10.7 Étienne-Jules Marey, »Du mouvement dans les fonctions de la vie, IV. De la vitesse de la propagation de l'action nerveuse«, 3 (1866), S. 346–351, hier: S. 349.

10.8 David Pantalony, Richard L. Kremer und Francis J. Manasek, *Study, Measure, Experiment. Stories of Scientific Instruments at Dartmouth College*, Norwich, Vt.: Terra Nova Press, 2005, S. 145.

10.9 Harvard University Archives – HUPSF Psychological Laboratories (7).

10.10 Joseph Plateau, »Quatrième note sur des nouvelles applications curieuses de la persistance des impressions de la rétine«, *Bulletin de l'Académie Royale des Sciences, des Lettres et des Beaux-Arts de Belgique* 16/2 (1850), S. 254–260, Tafel.

10.11 E. Zimmermann, *Psychologische, Pädagogische, Psychotechnische Apparate. Liste 51. Physiologische Apparate Liste 200. Mikrotome nach Minot Liste 203.* Leipzig, Berlin: Zimmermann [ca. 1920], S. 9.

10.12 Pontus Hultén (Hrsg.), *The Machine As Seen at the End of the Mechanical Age*, New York: Museum of Modern Art, 1968, S. 104.

Textnachweise

»Zwei Guattari-Vektoren«, Beitrag für einen Sammelband zum *1000 Plateaus*-Festival in der Berliner Volksbühne (1999), der nie erschienen ist. Aktualisierte Erstveröffentlichung.

»Hörbare Versuche«, Beitrag zu dem Künstlerbuch von Klaus Weber, *Unfold – You Cul de Sac*, Frankfurt am Main: Revolver – Archiv für aktuelle Kunst, 2004, S. 65–73.

»Mit Helmholtz am Quai de Conti«, Interview von D. N. für das Ärzte-Portal www.univadis.com, anlässlich des Erscheinens von *Die Helmholtz-Kurven*, Berlin 2009.

»Experimentieren in Berlin«, Beitrag für den Ausstellungskatalog von Jochen Hennig und Udo Andraschke (Hrsg.), *WeltWissen. 300 Jahre Wissenschaften in Berlin*, München: Hirmer Verlag, 2010, S. 226–230.

»*Architectura animata*«, Beitrag für den Ausstellungskatalog von Sven Dierig und Thomas Schnalke (Hrsg.), *Apoll im Labor. Bildung, Experiment, Mechanische Schönheit*, Berlin: Medizinhistorisches Museum der Charité, 2005, S. 46–65.

»Die Helix zwischen Leben und Erkenntnis«, zuerst erschienen als »Die Helix zwischen Leben, Erkennen und Wissen« in: Thomas Ebke und Matthias Schloßberger (Hrsg.), *Dezentrierungen. Zur Kon-*

frontation von Philosophischer Anthropologie, Strukturalismus und Poststrukturalismus, Berlin: Akademie-Verlag, 2012, S. 357–363.

»Barcola«, zuerst erschienen in: Safia Azzouni et al. (Hrsg.), *Eine Naturgeschichte für das 21. Jahrhundert. Hommage à/Zu Ehren von/In Honor of Hans-Jörg Rheinberger.* Berlin: o. V., 2011, S. 23–25.

»*Mode d'existence*«, zuerst erschienen in englischer Sprache in: Bruno Latour (Hrsg.), *Reset Modernity!*, Cambridge, Mass.: The MIT Press, 2016, S. 320–327. Deutsche Erstveröffentlichung.

»Zeitmaschinen«, Beitrag für Claudia Giannetti (Hrsg.), *AnArchive(s). Eine minimale Enzyklopädie zur Archäologie und Variantologie der Künste und Medien*, Köln: Verlag der Buchhandlung Walther König, 2014, S. 173.

»Das Bewegungsbild nach Duchamp«, gekürzte Fassung von »Movement-Afterimages. Marcel Duchamp's ANÉMIC CINÉMA«, in: Michael F. Zimmermann (Hrsg.), *Vision in Motion. Streams of Sensation and Configurations of Time*, Berlin: Diaphanes, 2016, S. 389–409. Deutsche Erstveröffentlichung.

»Eine vielsagende Stummheit«, zuerst erschienen als »Die vielsagende Stummheit der Geräte« in: Felix Mittelberger et al. (Hrsg.), *Maschinensehen. Feldforschung in den Räumen bildgebender Technologien*, Leipzig: Spector Books, 2013, S. 39–49.

Anmerkungen

1 Bruno Latour, »Von *Tatsachen* zu *Sachverhalten*. Wie sollen die neuen kollektiven Experimente protokolliert werden?«, übers. von Gustav Roßler, in: Henning Schmidgen, Peter Geimer und Sven Dierig (Hrsg.), *Kultur im Experiment*, Berlin 2004, S. 17–36, hier: S. 18.

2 Zu diesem Konzept der Forschungsmaschine siehe ausführlich Henning Schmidgen, *Hirn und Zeit. Die Geschichte eines Experiments, 1800–1950*, Berlin 2014.

3 Sigfried Giedion, *Bauen in Frankreich*, Leipzig/Berlin 1928, S. 3. Siehe auch die vielfältigen Bezugnahmen auf »das Biologische« in László Moholy-Nagy, *Malerei, Photographie, Film*, München 1925.

4 Duke Ellington, *The Afro-Eurasian Eclipse. A Suite in Eight Parts* [1971/75], Digital remastering 1991, Fantasy/ZYX Music, 2002.

5 Siehe Hannah Arendt, *Vita activa oder Vom tätigen Leben*, 7. Aufl., München 1992 [orig. 1958], S. 7–15, sowie Günther Anders, *Der Blick vom Mond. Reflexionen über Weltraumflüge*, München 1970. Siehe insgesamt Denis Cosgrove, »Contested Global Visions. *One World, Whole Earth*, and the Apollo Space Photographs«, *Annals of the Association of American Geographers* 84/2 (1994), S. 270–294, sowie neuerdings Diedrich Diederichsen und An-

selm Franke (Hrsg.), *The Whole Earth. Kalifornien und das Verschwinden des Außen*, Berlin 2013.

6 Félix Guattari, »Plan sur la planète. (1) Les minorités dans la pensée; (2) La proliferation des marges«, *Libération*, 27. und 28. September 1978, S. 7 und S. 10, wieder aufgenommen in ders., *La révolution moléculaire*, Paris 1980, S. 99–117.

7 Siehe Félix Guattari, »Les neuf thèses de l'opposition de gauche«, in: ders., *Psychanalyse et transversalité*, Paris 1972, S. 98–130, sowie Gilles Deleuze und Félix Guattari, *Anti-Ödipus. Kapitalismus und Schizophrenie*, übers. von Bernd Schwibs, Frankfurt a. M. 1974.

8 Siehe Félix Guattari und Eric Alliez, »Le capital en fin de compte. Système, structures et processus capitalistiques«, *Change International* 1 (1983): 100–106, Félix Guattari und Antonio Negri, *Neue Räume der Freiheit* [1985], übers. von Alan Roth, Wien usw. 2015, und Félix Guattari, *Cartographies schizoanalytiques*, Paris 1989, besonders S. 9–26.

9 Siehe »Die Intellektuellen und die Macht. Ein Gespräch zwischen Michel Foucault und Gilles Deleuze«, in: Gilles Deleuze und Michel Foucault, *Der Faden ist gerissen*, übers. von Walter Seitter, Berlin 1977, S. 86–100, hier: S. 89.

10 Dies hat nicht zuletzt die sogenannte Sokal-Debatte deutlich gemacht. Als einer der hellsichtigsten Beiträge dazu bleibt immer noch zu lesen: W. J. T. Mitchell, *The Last Dinosaur Book. The Life and Times of a Cultural Icon*, Chicago/London 1998.

11 Das zeigt nicht allein das 6. Kapitel von Félix Guattari, *Chaosmose*, übers. von Thomas Wäckerle, Wien 2014, »Das neue ästhetische Paradigma« (S. 125–150), sondern belegen auch die Einzelstudien zu Künstlern wie Balthus, Keiichi Tahara und George Condo, die Aufsätze zur Architektur und zum Film sowie schließlich die Gespräche Guattaris

mit Piotr Kowalski, Roberto Matta usw., die zumeist in der Zeitschrift *Chimères* veröffentlicht wurden. Siehe dazu jetzt Félix Guattari, *Schriften zur Kunst*, übers. von Ronald Voullié, Berlin 2016.

12 Guattari, *Chaosmose*, S. 12 f. und S. 148 f.

13 Siehe Nicolas Bourriaud, »Das ästhetische Paradigma«, in: Henning Schmidgen (Hrsg.), *Ästhetik und Maschinismus. Texte von und zu Félix Guattari*, Berlin 1995, S. 39–64, sowie ders., *Esthéthique relationelle*, Dijon 1998. Siehe ferner Guattari, *Chaosmose*, S. 27–29, sowie ders., »Éditorial«, *Chimères* 1/1 (1987), S. 3.

14 Félix Guattari, »D'un signe à l'autre«, *Recherches* 1/2 (1966), S. 33–63.

15 Gilles Deleuze und Félix Guattari, *Anti-Ödipus*, dies., *Kafka. Für eine kleine Literatur*, übers. von Burkhart Kroeber, Frankfurt a. M. 1976, und dies., *Tausend Plateaus. Kapitalismus und Schizophrenie*, übers. von Gabriele Ricke und Ronald Voullié, Berlin 1980. Zu Klee siehe Paul Klee, »Beiträge zur bildnerischen Formlehre«, in: ders., *Kunst-Lehre. Aufsätze, Vorträge, Rezensionen und Beiträge zur bildnerischen Formlehre*, Leipzig 1987, S. 91–313. Siehe auch die Bezüge auf Klee in *Tausend Plateaus*, S. 402–422 und S. 466–475, sowie in Gilles Deleuze und Félix Guattari, *Was ist Philosophie?*, übers. von Bernd Schwibs und Joseph Vogl, 2. Aufl., Frankfurt a. M. 1996, S. 221, 240 und 260.

16 Als Guattari starb, lag angeblich ein Exemplar des *Ulysses* auf seinem Nachttisch. Siehe François Dosse, *Gilles Deleuze et Félix Guattari. Biographie croisée*, Paris 2007, S. 585.

17 Joseph Beuys, »Aufruf zur Alternative«, *Frankfurter Rundschau*, 23. Dezember 1978.

18 Guattari und Negri, *Neue Räume der Freiheit*, S. 38 f., 138. Zur Idee des »post-medialen Zeitalters« siehe Clemens Apprich et al. (Hrsg.), *Provocative*

Alloys. A Post-Media Anthology, London 2013. Zur technikpolitischen Agenda von Guattari mit Blick auf Fourier siehe René Scherer, »L'usine de l'âme«, *Chimères* 10/27 (1996), S. 21–34.

19 Félix Guattari, »Maschine und Struktur« [1969], in: ders., *Psychotherapie, Politik und die Aufgaben der institutionellen Analyse*, übers. von Grete Osterwald, Vorwort von Gilles Deleuze, Frankfurt a. M. 1976, S. 127–138, hier: S. 130.

20 Joseph Beuys, *Kunst = Kapital. Achberger Vorträge*, Wangen 1992, S. 89.

21 Ebd.

22 Ebd., S. 89 f.

23 Siehe Gregory Bateson, *Ökologie des Geistes. Anthropologische, psychologische, biologische und epistemologische Perspektiven*, übers. von Hans Günter Holl, Frankfurt a. M. 1981.

24 Siehe Félix Guattari, *Die drei Ökologien*, übers. von Alec A. Schaerer, Wien 1994, und Joseph Beuys, »Jeder Mensch ist ein Künstler. Auf dem Weg zur Freiheitsgestalt des sozialen Organismus«, in: ders., *Kunst = Kapital*, S. 41–63.

25 Siehe zu diesem Problem auch Benjamin Buchloh, Rosalind Krauss und Annette Michelson, »Joseph Beuys at the Guggenheim«, *October* 12 (1980), S. 3–21.

26 Deleuze und Guattari, *Anti-Ödipus*, S. 52.

27 Siehe dazu ausführlich Henning Schmidgen, »Figuren des Zerebralen in der Philosophie von Gilles Deleuze«, in: Michael Hagner (Hrsg.), *Ecce cortex. Beiträge zur Geschichte des modernen Gehirns*, Göttingen 1999, S. 317–349.

28 Siehe Guattari, *Cartographies schizoanalytiques*, S. 67–93. Der fragliche Text erschien zuerst in Jean-Pierre Brans, Isabelle Stengers und Philippe Vincke (Hrsg.), *Temps et devenir. À partir de l'œuvre d'Ilya Prigogine*, Genf 1988, S. 83–100.

29 Félix Guattari, »Modélisation psy et prétention scientifique«, in: *Sens et place des connaissance dans la société*, Paris 1986, S. 41–72, hier: S. 58. Neben Edgar Morin, Jacques Le Goff u. a. zählte zu den Referenten dieser Vortragsreihe auch Bruno Latour.

30 Paul Géroudet, *Les Échassiers*, Neuchâtel/Paris 1967. Siehe Félix Guattari, *L'inconscient machinique*, Fontenay-sous-Bois 1979, S. 138.

31 Deleuze und Guattari, *Tausend Plateaus*, S. 475.

32 Joseph Beuys, »Eintritt in ein Lebewesen«, in: Jürgen Harten und Horst Kurnitzky (Hrsg.), *Museum des Geldes*, Düsseldorf 1978, S. 12–17, hier: S. 15.

33 Guattari, »Maschine und Struktur«, S. 131.

34 Siehe Jakob von Uexküll und Georg Kriszat, *Streifzüge durch die Umwelten von Tieren und Menschen. Bedeutungslehre*, Hamburg 1956, S. 30, 47.

35 Siehe dazu die beispielhaften Analysen von Heinrich Popitz et al., *Technik und Industriearbeit. Soziologische Untersuchungen in der Hüttenindustrie*, Tübingen 1957, S. 54–67 und S. 72–91. Wie komplex Verhaltensrhizome in den Augen Guattaris sein können, zeigen die Diagramme, die er aus der ethologischen Literatur übernimmt. Siehe Guattari, *L'inconscient machinique*, S. 129, 147.

36 Gilles Deleuze, »Spinoza und wir«, in: ders., *Spinoza. Praktische Philosophie*, übers. von Hedwig Linden, Berlin 1988, S. 159–169, hier: S. 162.

37 Offenbar meint Stengers, dass es zu einem *persönlichen* Treffen nicht gekommen ist, denn eine diskursive Begegnung zwischen Latour und Guattari hatte, wie oben angedeutet, schon Mitte der achtziger Jahre stattgefunden: im Rahmen der vom CNRS organisierten Vortragsreihe über den Sinn und Platz der Erkenntnis in der Gesellschaft.

38 Félix Guattari, »Vers une autopoïétique de la communication« [1992], in: ders., *Qu'est-ce que l'éco-*

sophie, hrsg. von Stéphane Nadaud, Paris 2013, S. 131–148, hier: S. 138.

39 Bruno Latour, »Wie kann man das Soziale flach halten?«, in: ders., *Eine neue Soziologie für eine neue Gesellschaft*, übers. von Gustav Roßler, Frankfurt a. M. 2010, S. 286–298.

40 Zu denken ist hier u. a. an die Arbeiten von Karin Knorr-Cetina, Andrew Pickering und Hans-Jörg Rheinberger.

41 Siehe Isabelle Stengers, »Die Galilei-Affären«, in: Michel Serres (Hrsg.), *Elemente einer Geschichte der Wissenschaften*, übers. von Horst Brühmann, Frankfurt a. M. 1994, S. 395–443.

42 Siehe Isabelle Stengers, *Die Erfindung der modernen Wissenschaften*, übers. von Eva Brückner-Tuckwiller und Brigitta Restorff, Frankfurt a. M./New York 1997, S. 137 f.

43 Bruno Latour, *Wir sind nie modern gewesen. Versuch einer symmetrischen Anthropologie*, übers. von Gustav Roßler, Berlin 1995, S. 110. Siehe allgemein Steven Shapin und Simon Schaffer, *Leviathan and the Air-Pump. Hobbes, Boyle and the Experimental Life*, Princeton 1985.

44 Gilles Deleuze und Félix Guattari, »Vorwort zur italienischen Ausgabe«, in: dies., *Tausend Plateaus. Kapitalismus und Schizophrenie*, übers. von Gabriele Ricke und Ronald Voullié, Berlin 1992, S. II.

45 Siehe Bruno Latour, »Von ›Tatsachen‹ zu ›Sachverhalten‹. Wie sollen die neuen kollektiven Experimente protokolliert werden?«, in: Henning Schmidgen, Peter Geimer und Sven Dierig (Hrsg.), *Kultur im Experiment*, Berlin 2004, S. 17–36.

46 Siehe dazu ausführlicher Henning Schmidgen, »Existentielles Experimentieren«, in: Guattari, *Schriften zur Kunst*, S. 216–234.

47 Jonathan Crary, *Techniken des Betrachters. Sehen*

und Moderne im 19. Jahrhundert, übers. von Anne Vonderstein, Dresden/Basel 1996, S. 52.

48 Hendrik Zwaardemaker, »An Intellectual History of a Physiologist with Psychological Aspirations«, in: Carl Murchison (Hrsg.), *A History of Psychology in Autobiography*, Worcester, Mass., 1930, S. 491–516.

49 Edward W. Scripture, *Thinking, Feeling, Doing*, New York 1895, S. 42.

50 John Cage, *Silence*, übers. von Ernst Jandl, Frankfurt a. M. 1995, S. 154.

51 John Cage, *Silence*, Middletown, Conn., 1973, S. 80. Diese Passage fehlt in der deutschsprachigen Ausgabe.

52 Georges Canguilhem, »Maschine und Organismus«, in: ders., *Die Erkenntnis des Lebens*, übers. von Till Bardoux, Maria Muhle und Francesca Raimondi, Berlin 2009, S. 183–232.

53 Gilles Deleuze und Félix Guattari, *Tausend Plateaus. Kapitalismus und Schizophrenie*, übers. von Gabriele Ricke und Ronald Voullié, Berlin 1992, S. 216.

54 Mittlerweile erschienen unter dem Titel *Hirn und Zeit. Die Geschichte eines Experiments, 1800–1950*, Berlin 2014.

55 Ian Hacking, *Einführung in die Philosophie der Naturwissenschaften*, übers. von Joachim Schulte, Stuttgart 1996, S. 250.

56 Sven Dierig, *Wissenschaft in der Maschinenstadt. Emil du Bois-Reymond und seine Laboratorien in Berlin*, Göttingen 2006.

57 Ian Hacking, »Do Thought Experiments have a Life of Their Own?«, *Philosophy of Science Association, Conference Proceedings 1992*, Bd. 2, S. 302–308, hier: S. 307.

58 Ian Hacking, »The self-Vindication of the Laboratory Sciences«, in: Andrew Pickering (Hrsg.), *Science as Practice and Culture*, Chicago 1992, S. 29–64.

59 Hacking, »Do Thought Experiments have a Life of Their Own?«, S. 307.

60 Gaston Bachelard, »Critique préliminaire du concept de frontière épistémologique«, *Actes du huitième Congrès international de philosophie de Prague, du 2 au 7 septembre 1934*, Prag 1936, S. 3–9, hier: S. 5.

61 Hermann von Helmholtz, »[Rede]«, in: *Ansprachen und Reden gehalten bei der am 2. November 1891 zu Ehren von Hermann von Helmholtz veranstalteten Feier*, Berlin 1892, S. 46–59, hier S. 54.

62 Hermann Helmholtz, *Handbuch der physiologischen Optik*, Leipzig 1867, S. 452.

63 *Appoll im Labor. Bildung, Experiment, Mechanische Schönheit*, Ausstellung im Berliner Medizinhistorischen Museum, 13. Mai bis 2. Oktober 2005.

64 Félix Guattari, »L'énonciation architecturale«, in: Ders., *Cartographies schizoanalytiques*, Paris 1989, S. 291–301.

65 Henri Bergson, *Denken und schöpferisches Werden. Aufsätze und Vorträge*, übers. von Leonore Kottje, Meisenheim am Glan 1948, S. 233.

66 Georges Canguilhem, *Das Normale und das Pathologische*, übers. von Monika Noll und Rolf Schubert, München 1974, S. 82.

67 Ebd., S. 89.

68 Georges Canguilhem, »Tod des Menschen oder Ende des Cogito?«, übers. von Monika Noll, in: Marcelo Marques (Hrsg.), *Der Tod des Menschen im Denken des Lebens*, Tübingen 1988, S. 17–49, hier: S. 46.

69 Michel Foucault, »Das Leben: die Erfahrung und die Wissenschaft«, übers. von Walter Seitter, in: Marques (Hrsg.), *Der Tod des Menschen im Denken des Lebens*, S. 52–72, hier: S. 53.

70 Mikel Dufrenne, »Un livre récent sur la connaissance de la vie«, *Revue de Métaphysique et de Morale* 58 (1953), S. 170–187.

71 Canguilhem, *Das Normale und das Pathologische*, S. 194.

72 Ebd.

73 Georges Canguilhem, »Le concept et la vie«, in: ders., *Études d'histoire et de philosophie des sciences*, Paris 1968, S. 335–364, hier: S. 364.

74 Georges Canguilhem, *La connaissance de la vie*, Deuxième édition revue et corrigée, Neuvième tirage, Paris 1992, Umschlagseite 4.

75 Étienne Souriau, »Passé, présent, avenir du problème de l'esthétique industrielle«, *Revue d'esthétique* 4 (1951), S. 226–251.

76 Das Heft enthält u. a. Beiträge von Charles Lalo, Jacques Viénot, Pierre Gustalla, Jacques-G. Kraft, Paul Ginestier und Ernest Fraenkel.

77 Souriau, »Passé, présent, avenir«, S. 231. Siehe Paul Souriau, *La beauté rationelle*, Paris 1904, S. 195, 198, 216.

78 Zu Souriau und der Filmologie siehe Edward Lowry, *The Filmology Movement and Film Studies in France*, Ann Arbor, Mich., 1985, Frank Kessler, »Etienne Souriau und das Vokabular der filmologischen Schule«, *Montage AV* 6/2 (1997), S. 132–139, sowie Vinzenz Hediger, »La science de l'image couvre et découvre tout l'esprit. Das Projekt der Filmologie und der Beitrag der Psychologie«, *Montage AV* 12/1 (2003), S. 55–71.

79 Souriau, »Passé, présent, avenir«, S. 239 und S. 248 f. Souriau zitiert Benjamin nach der von Pierre Klossowski übersetzten Fassung des Kunstwerkaufsatzes. Siehe Walter Benjamin, »L'œuvre d'art à l'époque de sa reproduction mécanisée«, *Zeitschrift für Sozialforschung* 5/1 (1936), S. 40–66. Benjamins Aufsatz wird auch in einem weiteren Beitrag zum Themenheft zitiert. Siehe Ernest Fraenkel, »Esthétique industrielle et psychanalyse«, *Revue d'esthétique* 4 (1951), S. 393–414, hier: S. 409 f.

80 Souriau, »Passé, présent, avenir«, S. 242. Souriau zitiert aus Henri Foçillon, *Vie des formes*, Paris 1934, S. 10.

81 Gilbert Simondon, *Die Existenzweise technischer Objekte* [1958], übers. von Michael Cuntz, Zürich 2012, S. 25, 37.

82 Ebd., S. 19–22.

83 Ebd., S. 169.

84 Ebd., S. 173.

85 Ebd., S. 187.

86 Étienne Souriau, *Die verschiedenen Modi der Existenz* [1943], übers. von Thomas Wäckerle, mit einer Einleitung von Isabelle Stengers und Bruno Latour, Lüneburg 2015, S. 111.

87 Siehe dazu Isabelle Stengers und Bruno Latour, »Die Sphinx des Werks«, in: Souriau, *Die verschiedenen Modi der Existenz*, S. 9–76.

88 Der einschlägige Text dazu ist Edmund Husserl, *Logische Untersuchungen* [1900/1901], Hamburg 2013.

89 Souriau, *Die verschiedenen Modi der Existenz*, S. 81.

90 Roman Ingarden, »Le temps, l'espace et le sentiment de realité«, *Revue internationale de filmologie* 1 (1947), S. 127–141.

91 1931 hatte Charles Lalo, Souriaus Freund und Kollege, zudem einer der Herausgeber der *Revue d'esthétique*, Ingardens Abhandlung über das literarische Kunstwerk in der *Revue philosophique* besprochen. Siehe Charles Lalo, »[Compte rendu de Roman Ingarden, *Das literarische Kunstwerk*]«, *Revue philosophique de la France et de l'étranger* 111/9–10 (1931), S. 308. Wenig später erwähnt Jean Cavaillès in seinem Bericht über den Internationalen Kongress für Philosophie in Prag 1934 die kritische Stellungnahme Ingardens zu den Formalisierungsvorhaben des Wiener Kreises. Siehe Jean Cavaillès, »L'école de Vienne au congrès

de Prague« [1935], in: *Œuvres complètes de philosophies des sciences*, Paris 1994, S. 565–575, hier: S. 572.

92 Simondon, *Die Existenzweise technischer Objekte*, S. 7.

93 Mikel Dufrenne, *Phénoménologie de l'expérience esthétique*, Bd. 1, Paris 1953, S. 111–187.

94 Roman Ingarden, *Das literarische Kunstwerk. Eine Untersuchung aus dem Grenzgebiet der Ontologie, Logik und Literaturwissenschaft* [1931], 2. Aufl., Tübingen 1960, S. 375.

95 Simondon, *Die Existenzweise technischer Objekte*, S. 144.

96 Ebd., S. 7.

97 Georges Canguilhem, *Das Normale und das Pathologische*, übers. von Monika Noll und Rolf Schubert, München 1974, S. 146.

98 Célestin Bouglé, *Leçons de sociologie sur l'évolution des valeurs*, Paris 1922.

99 Ingarden, *Das literarische Kunstwerk*, S. 353.

100 Ebd., S. 372.

101 Walter Benjamin, *Das Kunstwerk im Zeitalter seiner technischen Reproduzierbarkeit*, hrsg. von Burkhardt Lindner, Berlin 2010 (= Werke und Nachlaß; 16), S. 216 und S. 169.

102 Jean-François Lyotard, »Wo bestimmte Trennwände als potentielle Junggesellenelemente einfacher Maschinen betrachtet werden«, in: Harald Szeemann (Hrsg.), *Junggesellenmaschinen/Les machines célibataires*, Ausstellungskatalog, Venedig 1975, S. 98–109, hier: S. 102.

103 Siehe dazu Herbert Molderings, »Die Entdeckung des geistigen Sehens. Marcel Duchamp in München 1912«, in: Helmut Friedel et al. (Hrsg.), *Marcel Duchamp in München 1912*, Ausstellungskatalog, München 2012, S. 11–36.

104 Linda Dalrymple Henderson, *Duchamp in Context.*

Science and Technology in the Large Glass and Related Works, Princeton, NJ, 1998.

105 Herbert Molderings, *Kunst als Experiment. Marcel Duchamps »3 Kunststopf-Normalmaße«*, München/Berlin 2006, S. 10.

106 Zur vielzitierten »Vorgeschichte« des Kinos siehe exemplarisch Bodo von Dewitz (Hrsg.), *Ich sehe was, was Du nicht siehst! Die Sammlung Werner Nekes*, Ausstellungskatalog, Göttingen 2002. Zur Geschichte der rotierenden Scheiben siehe Peter Weibel, »Konturen einer Geschichte der Wahrnehmungstheorie und -kunst in Österreich«, in: ders. (Hrsg.), *Jenseits von Kunst*, Wien 1997, S. 26–44.

107 Katrina Martin, »Marcel Duchamp's *Anémic-Cinéma*«, *Studio International* 189/973 (1975), S. 53–60, hier: S. 54.

108 Marcel Duchamp, »Projets«, in: ders., *Notes*, Avant-propos par Paul Matisse, Préface par Pontus Hulten, Paris 1999, S. 118 f.

109 Ebd. So etwa: »se servir de 2 projections 1 derrière 1 devant le screen«.

110 Zur Ikonographie der Spirale im Futurismus siehe etwa Noëmi Blumenkranz-Onimus, »La spirale, thème lyrique dans l'art moderne«, *Revue d'esthétique* 1 (1971), S. 293–311.

111 Michel Sanouillet, »Rrose & Cie.: Introduction«, in: Marcel Duchamp, *Duchamp du signe. Ecrits*, hrsg. von Michel Sanouillet, durchgesehen, erweitert und ergänzt in Zusammenarbeit mit Elmer Peterson, Paris 1994, S. 145–149, hier: S. 146.

112 Ausführlich dazu siehe Martin, »Marcel Duchamp's *Anémic-Cinéma*«, S. 54.

113 Jean-François Lyotard, *Discours, figure*, 4. Aufl., Paris 1985, S. 288 f.

114 Rosalind Krauss, »Marcel Duchamp oder das Feld des Imaginären«, in: dies., *Das Photographische. Eine Theorie der Abstände*, Mit einem Vorwort von

Hubert Damisch, München 1998, S. 73–89, hier: S. 87.

115 Toby Mussman, »Marcel Duchamp's *Anemic Cinema*«, in: Gregory Battcock (Hrsg.), *The New American Cinema. A Critical Anthology*, New York 1967, S. 147–155, hier: S. 153.

116 Krauss, »Marcel Duchamp oder das Feld des Imaginären«, S. 86.

117 Der klassische Aufsatz in diesem Zusammenhang ist Bertram Lewin, »Sleep, the Mouth and the Dream Screen«, *Psychoanalytic Quarterly* 15 (1946), S. 419–434. In ähnlicher Weise argumentiert Rosalind Krauss, *Der Impuls zu sehen*, Bern 1988, wenn sie mit Blick auf die drehenden Scheiben von *ANÉMIC CINÉMA* und anderen Werken im Kontext von Duchamps *Precision Optics* feststellt, es gehe dem Künstler mit diesen Scheiben darum, »das Sichtbare zu verkörperlichen, dem Auge (gegen die körperlose Optizität der modernen Malerei) seinen Status als Körperorgan zurückzugeben« (ebd., S. 16).

118 Helmut Müller-Sievers, *The Cylinder. Kinematics of the Nineteenth Century*, Berkeley, Calif., 2012.

119 Otto Lehmann, *Dr. J. Fricks Physikalische Technik. Oder Anleitung zu Experimentalvorträgen sowie zur Selbstbeherrschung einfacher Demonstrationsapparate*, 7. Aufl., Bd. 2/1, Braunschweig 1907, S. 32–34, sowie Claude Pouillet, »Note sur un moyen de mesurer des intervalles de temps extrémement courts […]«, *Comptes rendus hebdomadaires des séances de l'Académie des Sciences* 19 (1844), S. 1384–1389.

120 Guillaume Wertheim, »Recherches sur l'élasticité«, *Annales de chimie et de physique* 13/12 (1844), S. 385–455, 581–625, und Carlo Matteucci, »Electro-Physiological Researches, Seventh and Last Series. Upon the Relation between the Intensity of the

Electric Current, and That of the Corresponding Physiological Effect«, *Philosophical Transactions of the Royal Society London* 137 (1847), S. 243–248.

121 Henning Schmidgen, »Pictures, Preparations, and Living Processes. The Production of Immediate Visual Perception (Anschauung) in late-19th-Century Physiology«, *Journal of the History of Biology* 37 (2004), S. 477–513.

122 André Prosper Crova, »Description d'un appareil pour la projection mécanique des mouvements vibratoires«, *Annales de Chemie et de Physique* 12 (1867), S. 288–308.

123 Siehe dazu Rudolph König, *Catalogue des appareils d'acoustique*, Paris 1889, S. 97, und Max Kohl, *Preisliste Nr. 100, Bd. 2. Physikalische Apparate aus den Gebieten der Mechanik fester, flüssiger und gasförmiger Körper, der Wellenlehre, Akustik und Optik*, Chemnitz [ca. 1910], S. 352.

124 Damit relativiert sich der in der Duchamp-Forschung gängige Hinweis auf die in den 1920er-Jahren entstandenen Arbeiten des italienischen Experimentalpsychologen Cesare Musatti über den »stereokinetischen Effekt«. – Ein direkter Nachweis dafür, dass Duchamp die Projektionswellenmaschine kannte, ist freilich nicht zu führen. Im Gegenzug ist jedoch immerhin daran zu erinnern, dass Duchamp Technikmuseen und Hersteller von wissenschaftlichen Instrumenten frequentierte, sich mithin also genau in dem Milieu bewegte, das die materielle Kultur der damaligen Experimentalwissenschaft und deren Demonstrationen definierte.

125 Sigmund Exner, »Ueber die zu einer Gesichtswahrnehmung nöthige Zeit«, *Sitzungsberichte der Kaiserlichen Akademie der Wissenschaften. Mathematisch-Naturwissenschaftliche Classe* 58 (1868), S. 601–632.

126 Zur Datierung des Beginns der wissenschaftlichen Erforschung des Verhältnisses von Sehen und Zeitlichkeit auf das frühe 19. Jahrhundert siehe Jonathan Crary, *Techniken des Betrachters. Sehen und Moderne im 19. Jahrhundert*, übers. von Anne Vonderstein, Dresden/Basel 1996, S. 103–111.

127 [Patrice] Chevalier d'Arcy, »Mémoire sur la durée de la sensation de la vue«, *Mémoires de l'Académie Royale des Sciences* 82 (1765), S. 439–451. Siehe dazu Nicholas Wade, »Guest Editorial«, *Perception* 26 (1997), S. 123–126, und ders., *A Natural History of Vision*, London/Cambridge, Mass., 1998, S. 192 f., Christoph Hoffmann, *Unter Beobachtung. Naturforschung in der Zeit der Sinnesapparate*, Göttingen 2006, S. 101–114, sowie Thomas Sturm, »Is there a problem with mathematical psychology in the eighteenth century? A fresh look at Kant's old argument«, *Journal of the History of the Behavioral Sciences* 42/4 (2006), S. 353–377.

128 Zur Geschichte des Beispiels vom »Feuerkreis« siehe D. Anthony Larivière und Thomas M. Lennon, »The History and Significance of Hume's Burning Coal Example. Time, Identity, and Individuation«, *Journal of Philosophical Research* 27 (2002), S. 511–526.

129 D'Arcy, »Mémoire sur la durée de la sensation de la vue«, S. 450.

130 Auf Plateau weisen in diesem Zusammenhang bereits Burkhard Bensmann, *Raum- und Bewegungsdarstellung bei Marcel Duchamp*, Dissertation, Gesamthochschule/Universität Kassel, 1989, S. 106, sowie Sigrid Leyssen, »Het leven van een papieren schijf tussen kunst en wetenschap«, *Deus ex machina* 35/137 (2011), S. 86–95, besonders: S. 89–91, hin.

131 Joseph Plateau, »Quatrième note sur de nouvelles applications curieuses de la persistance des impressions de la rétine«, *Bulletin de l'Académie Royale*

des Sciences, des Lettres et des Beaux-Arts de Belgique 16/2 (1850), S. 254–260, hier: S. 255.

132 Ebd., S. 256.

133 Ebd., S. 257.

134 Ebd., S. 257 f.

135 Ebd., S. 259 (Hervorhebung von mir, H. Sch.).

136 Hermann von Helmholtz, *Handbuch der physiologischen Optik*, Leipzig 1867, S. 602–604. Blunck beschränkt sich bei seinem Rekurs auf Helmholtz aus nicht ganz nachvollziehbaren Gründen auf die durch die Spirale evozierten Farbempfindungen. Siehe Lars Blunck, *Duchamps Präzisionsoptik*, München 2008, S. 95–179, sowie Helmholtz, *Handbuch der physiologischen Optik*, S. 380 f.

137 William James, *The Principles of Psychology*, Bd. 2, New York 1890, S. 247. James verweist in diesem Zusammenhang auf eine Veröffentlichung von Henry Bowditch und Stanley Hall, die ebenfalls die von Plateau und anderen gegebenen Beschreibungen der Spiraltäuschung wieder aufgreift. Siehe G. Stanley Hall und Henry P. Bowditch, »Optical Illusions of Motions«, *Journal of Physiology* 3 (1882), S. 297–307.

138 Sigmund Exner, *Entwurf zu einer physiologischen Erklärung der psychischen Erscheinungen*, Leipzig/Wien 1894. Zu Exner und Freud siehe beispielsweise Joachim Widder, »Die Erhaltung der Erregungssumme. Die Physiologen Ernst W. Brücke, Sigmund Exner und Ernst Fleischl von Marxow als Lehrer Sigmund Freuds«, *Sudhoffs Archiv* 83/2 (1999), S. 152–170.

139 Sigmund Exner, »Ueber optische Bewegungsempfindungen«, *Biologisches Centralblatt* 8 (1889), S. 437–448, hier: S. 440.

140 Ebd., S. 440 f.

141 Ebd., S. 441.

142 Ebd., S. 437.

143 Siehe dazu Robert J. Richards, »Wundt's Early Theories of Unconscious Inference and Cognitive Evolution In Their Relation to Darwinian Biopsychology«, in: Wolfgang G. Bringmann und Ryan D. Tweney (Hrsg.), *Wundt Studies. A Centennial Collection*, Toronto 1980, S. 42–70.

144 Marcel Duchamp, »Le processus créatif« [1957], in: Ders., *Duchamp du signe*, S. 187–189.

145 Siehe Friedrich Kluge, *Etymologisches Wörterbuch der deutschen Sprache*, 22. Aufl., Berlin/New York 1989, *Duden. Etymologie. Herkunftswörterbuch der deutschen Sprache*, 2. Aufl., Mannheim/Wien/Zürich 1989, und *Deutsches Wörterbuch von Jacob Grimm und Wilhelm Grimm*, http://woerterbuchnetz.de/DWB/ (3. August 2016).

146 Ruth Benschop, »What is a Tachistoscope? Historical Explorations of an Instrument«, *Science in Context*, 11/1 (1998), S. 23–50, sowie Hans-Jörg Rheinberger, »Putting Isotopes to Work. Liquid Scintillation Counters, 1950–1970«, in: Bernward Joerges und Terry Shinn (Hrsg.), *Instrumentation Between Science, State and Industry*, Dordrecht 2001, S. 143–174.

147 Peter Galison, *Image and Logic. A Material Culture of Microphysics*, Chicago/London 1997. »This is a book about the machines of physics« (ebd., S. xvii).

148 Bruno Latour, *Science in Action. How to Follow Scientists and Engineers through Society*, Cambridge, Mass., 1987, S. 68.

149 Ebd., S. 69.

150 Bruno Latour, »Der Pedologenfaden von Boa Vista. Eine photo-philosophische Montage«, übers. von Hans-Jörg Rheinberger, in: Hans-Jörg Rheinberger, Michael Hagner und Bettina Wahrig-Schmidt (Hrsg.), *Räume des Wissens. Repräsentation, Codierung, Spur*, Berlin 1997, S. 213–263.

151 Siehe Latour, *Science in Action*, S. 215 ff.

152 William Kentridge und Peter Galison, *The Refusal of Time / Die Ablehnung der Zeit*, Ostfildern 2011.

153 Gilles Deleuze und Félix Guattari, *Anti-Ödipus. Kapitalismus und Schizophrenie I*, übers. von Bernd Schwibs, Frankfurt a. M. 1977, und dies., *Tausend Plateaus. Kapitalismus und Schizophrenie*, übers. von Gabriele Ricke und Ronald Voullié, Berlin 1992.

154 Gilbert Simondon, *Die Existenzweise technischer Objekte* [1958], übers. von Michael Cuntz, Zürich 2012.

155 Martin Heidegger, *Die Technik und die Kehre* [1962], Pfullingen 1982, S. 28.

156 Günther Anders, »Die Schein-Konkretheit von Heideggers Philosophie« [1948], in: ders., *Über Heidegger*, hrsg. von Gerhard Oberschlick, München 2001, S. 72–115, hier: S. 80.

157 Günther Anders, *Die Antiquiertheit des Menschen. Über die Seele im Zeitalter der zweiten industriellen Revolution* [1956], München 1988, S. 100.

Erste Auflage Berlin 2017

Göhrener Str. 7 | 10437 Berlin
info@matthes-seitz-berlin.de

Satz: psb, Berlin
Druck und Bindung: Art Druk, Szczecin
Umschlaggestaltung nach einer Idee von Pierre Faucheux
ISBN 978-3-95757-392-6

www.matthes-seitz-berlin.de